大学生のための

トータルライフデザイン

―― 人生を設計するワークブック ――

藤岡阿由未/藤原直子

|編著|

ミネルヴァ書房

は じ め に

　本書は，大学初年次教育のためのトータルライフデザインの教科書です。

　椙山女学園大学は，教育基本法と学校教育法に基づき，本学園の教育理念「人間になろう」にのっとり，深く専門の学術を教授研究し，高い知性と豊かな情操を兼ね備えた人間を育成することを目的としています。

　椙山女学園大学は，この目的の達成をめざして，女性のライフステージを意識し，キャリア教育を軸としたトータルライフデザインを主導コンセプトとする教育を展開しています。教養教育科目や専門教育科目とは別に，トータルライフデザイン教育の要となる全学共通科目「人間論」を設定しており，全学部の学生が１年前期に受講しています。まさにその「人間論」のテキストとして本書は構想され，制作されました。

　トータルライフデザイン教育とは，女性が社会で自立して生きていくための知識・能力を修得する教育です。仕事や生活など，さまざまな活動の調和を図り，ライフステージごとの課題を乗り越えて，他者と協働しながら自分自身の人生をデザインする力を養うこと，それがトータルライフデザイン教育の目的です。

　本書を読み進めることで，読者の皆さんは自分自身の人生をデザインするために必要な知識を身につけることができるでしょう。それに加えて，本書の各章には，たとえば「来月，目指す（なっていたい）自分の姿」を考えて書き込む，ワークの頁もあります。つまり，どのように人生をデザインすればよいか，実際に手を動かしながらデザインを実践し，具体的な方法の習得をめざします。

　本書を最後まで読み通し，ワークに取り組むことで，「私」が人生を自分らしく生きるために必要な知識が身に付き，確かな思考の仕方がくっきりと見えてくる——それがこの教科書の到達目標です。

　皆さんの未来は可能性に満ちています。しかし，長い人生，迷ったり，悩んだり，思ったように事が進まないこともあるかもしれせん。この先，皆さんが人生のどこかの地点で立ち止まって自分自分を振り返ったとき，この本を思い出してみてください。この本が，皆さんの人生に寄り添える存在になることを願っています。

　2024年1月

椙山女学園大学学長　黒田由彦

目　次

第Ⅱ部　生涯を通じたキャリア形成

第Ⅲ部　他者と共に生き，社会を創る

序 章
トータルライフデザインとは何か
──「人間教育」という基礎──

本章のねらい
・誰のためにトータルライフをデザインするのか考えましょう。
・トータルライフデザインという考え方の基礎を理解しましょう。
・トータルライフデザインの要素を把握しましょう。

キーワード
　トータルライフデザイン　「人間教育」「私」「私たち」　ウェルビーイング

1　誰のためのトータルライフデザイン？

トータルライフデザインをイメージする

　「トータルライフデザイン」とは，変容する社会のなかで，「私はどう生きるか」という問いのもと，仕事やさまざまな活動を調和させ人生をデザインすることです。本書は，他者と共に生きる社会のなかで多様な役割を果たし，自分のライフステージにおける転機を乗り越え，生涯というタイムスパンで人生を設計する基礎的な力を養うためのワークブックです。

　あなたの人生は，誰のためのものでしょうか。「わたし自身のため」「家族のため」「大切な人のため」など，人それぞれ答えは異なり，それがひとつとは限りません。実際は，わたし自身のための人生を自由に生きることを願いながらも，同時に社会や周囲の人に大きな影響を受けていると感じている人が多いのかもしれません。はじめに，いったい誰のためにトータルライフをデザインするのか考えてみましょう。

「私」が自分らしく生きること

　何に幸福を感じるかは人それぞれ違いますが，わたしたちには，さまざまな幸福を自由に求める権利があります（日本国憲法第13条「幸福追求権」）。なかでも，生命を脅かされないこと，健康であることは，誰にとっても優先度が高いはずです。世界保健機関（WHO）憲章の前文では，「健康とは，病気ではないとか，弱っていないということではなく，身体的にも，精神的にも，そして社会的にも，すべてが満たされた状態（well-being)」とされており，「ウェルビーイング（well-being）」が，身体的・精神的・社会的に良好な状態にあることを意味する概念として，「幸福」と翻訳されることもあります。したがって，わたし自身のこころやからだが良好な状態であるだけでなく，自分以外の人と良好な関係を保ちながら生活してはじめて，「ウェルビーイング」が可能になるのです（本書第1章，第3章参照）。

　さて，「私」の生き方を自由に選択して生きるために，何から始めたらよいでしょうか。まず自分を理解し，必要な知識や技能を身につけ，他の人たちとのコミュニケーションを通じて模索する，といういくつかの段階があります。そして，それらは職場，家庭，地域など，さまざまな場面で実現することになるでしょう（本書第2章，第3章，第4章参照）。しかしながら，個人の自己実現が，他の人たちにとって良い結果をもたらすかどうかは，また別の問題です。そう考えると，「私」のための人生を自由に選択して生きることは，単純ではなさそうです。

✎ ワーク1　「私」の選択をふり返ってみよう。

　自分の好奇心や関心から何かにチャレンジしたことはありますか？　それは何かに影響されたものですか？　また，あなたのチャレンジは，他の人へ影響を及ぼしましたか？　これまでの経験をふり返り，ひとつエピソードを挙げてみましょう。

■ チャレンジしたこと

■ 他の人からの影響

■ 他の人への影響

　「私」らしさを失わずに何かにチャレンジすることは，充足感を得られる経験です。しかし，わたしたちはひとりで生きているわけではなく，自分の行動はつねに他の人に何らかの影響を与え，それは，わたしたちの社会の在り方にもどこかで繋がっています。

　哲学者ジャン＝ジャック・ルソー（Jean-Jacques Rousseau, 1712-1778）（図序.1）は，人民主権の理想の社会の創造のために，人間論『エミール』，および制度論『社会契約論』を執筆・出版し，フランス革命に大きな影響を与えました。人間論『エミール』のなかで[1]ルソーは，人が自由で幸福に生きるためには，「私」と「私たち」，という2つの点から考

えることが重要だと述べています。「私」については，財産や名
声など他人からの評価によって自分を測るのではなく，「自分の
生きかた，見かた，感じ方を選ぶ⁽²⁾」ことが重要であり，「私た
ち」については，誰もが民主的な社会の一員として，一緒にルー
ルを作り社会で役割を果たす「権利と義務⁽³⁾」があると言います。
つまり，既成の基準に惑わされずに一人の人間として自分らしく
生きることが大切で，さらに互いを尊重し協力しあい「私たち」
の社会を創ることが，「私たち」の幸福の追求を保障するという
のです。

図序.1　ジャン＝ジャ
ック・ルソー

（出所）GeorgiosArt.

　それでは，「私」らしさの基準を自分の中にもち，好奇心や関心をもとに自分らしく行
動することが何をもたらすのか，具体的に考えてみましょう。

✎ **ワーク2　「そら豆栽培」から働く意味を考えてみよう。**

　次のようなとき，あなたならどうしますか？　あなたは，以前から関心を持っていた菜園
作りに挑戦しようと，近所の畑の土を耕し，そら豆の種をまき，水をやりました。そら豆は
ぐんぐん育っていきました。しかし，ある朝，そら豆はすべて引き抜かれ，菜園はメチャク
チャに掘り起こされていました。犯人は，もともとその土地で農業をしていた男で，「メロ
ンを栽培してあなたにご馳走しようとしたのに，あなたは畑をメチャクチャにした」と迫っ
てきます。あなたはどう対処しますか？

このエピソードを整理してみると，いくつかのことがわかります。

（1）そら豆づくりは，自分の好奇心や関心を実現する労働である。
（2）植物の栽培は，収穫物を食料とし，お金に換えることもできる有用なものである。
（3）あなたの意図と男の意図は，どちらも悪気はないが相反している。
（4）他の人が所有するものを勝手に奪うと人は憤慨する。

　このエピソードは，『エミール』の中にある「そら豆栽培⁽⁴⁾」によるもので，そら豆を育
てたのは少年エミールです。エミールは，畑を勝手に使用したことを男に謝り，畑の隅を
使わせてもらう約束をすることで，この一件は落着します。ルソーは，このエピソードに
おいて，「私」と「私たち」に関するさまざまな側面を示唆しています。

（1）「私」らしさの追求には，自発的な好奇心だけでなく有用性も重要である。

（2）好奇心が労働に結びつく可能性がある。

（3）自分が労働によって手にした所有物は大切に感じる。

（4）人の所有物も尊重すべきである。

（5）約束（契約）によって他人と対等な関係を築くことができる。

つまり，自分らしく働き，生活することは，つねに「私たち」という多くの人との関係性を深めることと言えるでしょう（本書第1章，第2章，第3章，第4章参照）。

「私たち」が互いに尊重し合うこと

それでは，多くの人々が集う私たちの社会のなかで，どのようにお互いを尊重し合うことができるでしょうか。次のワークを通して考えてみましょう。

✎ワーク3　無人島サバイバル──交換と契約を考えてみよう。

　ある無人島に，あなたを含めて10人の人がいます。家を作る，食料を手に入れる，食事を作る，清潔を保つ，安全対策を講じるなど，生活するうえで10の課題があるとします。無人島での生活を軌道にのせるために，あなたは他の人たちと，どのように協力しますか？

仮に，限られた人のみですべてを分担する場合は，どのような問題があるでしょうか。

（1）不得手な仕事はうまくいかない。

（2）時間や労力がかかる。

（3）仕事を分担している人／いない人のあいだに不平等が生じる。

ルソーは，「ロビンソン・クルーソー」の無人島のエピソードのなかで，10人それぞれがひとつの仕事を担当し，他の人の成果と交換することによって，全員が10種類すべての課題を解決することができ，それは個人にとっても社会にとっても良い選択だと述べています。つまり，一人ひとりが，才能や関心をもとに，それぞれの分野で今何が必要なのかを問い，有用な仕事をし，充実感を得ることが，同時に皆にとっても良い結果をもたらすという理想的な状態です。このような協力関係に欠かせないのは，交換，共通の価値，契約であるとルソーは言います。

　　交換がなければ社会は存在しえないし，共通の尺度がなければ交換は存在しえない
し，平等ということがなければ共通の尺度は存在しえない。だから，あらゆる社会に
は，第一の法則として，あるいは人間における，あるいは事物における，契約による
何らかの平等がある。

　　人々のあいだの契約による平等は，自然の平等とはまったくちがったもので，それ
は実定法を，つまり政府と法律を必要ならしめる。⁽⁶⁾

　交換の契約によって，平等な関係が生まれるのは，なぜでしょうか。「交換がなければ
社会は存在しえない」とルソーが述べたように，物と貨幣の交換は市場経済の基本であり，
目に見えない愛情を交換する家族間では，無償で家事や介護を行う贈与がしばしば行われ
ます。つまり，目に見えるものや見えないものを交換することで，人と人は関係し，互い
に信頼し合う平等な関係が保たれるのです。

　さらにルソーは，理想的で平等な社会を創るためには，人間が元々もっている「自己
愛」を他者に対する共感力（本書第3章，第6章参照）へと拡大し，貧困や不平等などの
問題意識を「憤り」として表現することの重要性，皆が良いと思う社会のルール作りをす
ること，そしてそれに従う必要性についても述べています。⁽⁷⁾こうして見ると，自分の関心
をもとに有用性のある仕事をすることは，同時に他の人との関係性を深め，わたしたちの
社会のさまざまな課題解決に繋がっていることがわかります（本書第4章，第5章参照）。

　したがって，冒頭で述べた，いったい誰のためのトータルライフデザインなのか，とい
う問いに対する答えは，「私」と「私たち」のため，ということになるでしょう。

② 「人間教育」という基礎

ルソーと「人間教育」

　「私」が自分らしく自由に生きること，「私たち」の理想の社会の実現，その両方を提示
したルソーの『エミール』は，『社会契約論』とともに，フランス革命を思想的に準備し
たと言われています。しかし，イギリスの思想家メアリ・ウルストンクラフト（Mary
Wollstonecraft, 1759-1797）が『女性の権利の擁護』（1792）のなかで『エミール』の人間⁽⁸⁾
論が男性中心主義であることを指摘したように，ルソーの考える平等な関係のなかに女性
がいない点は，しばしば批判の対象となってきました。

　次に，ルソーの人間論を敢えて女子教育へ転換した椙山女学園の「人間教育」を取り上
げます。「人間になろう」を最初に提言した椙山正弌（1879-1964）は，1905年，椙山女学
園の前身，名古屋裁縫女学校を設立し，明治，大正，昭和という激動の時代を経てつねに
自己検証し，教育方針の刷新を繰り返しました。椙山正弌は，80歳になろうとするころに，
「人間になろう」という言葉にたどり着き，その後の解釈において，ヒューマニズムを基

盤とした，女性のための「人間教育」を明示することになります。教育学者の椎山正弘は，「人間教育」をルソーの人間論と関連付けて次のように述べています。「ルソーの教育論は，『人間になろう』という教育理念をめざす本学園（椎山女学園——引用者注）の幼稚園から大学院までの各学校段階における人間教育に活かされていると思えるし，今後もさらに活かされていくべき理想ではないだろうか」。つまり，椎山正弘は，ルソーが無意識のうちに想定した男性への教育を女子教育機関の理念として再解釈し，ルソーが述べた「私」と「私たち」，すなわちルソーの人間論を女子教育のための「人間教育」へと読み替えていることになります。

　椎山正弘による次の３つの文章では，いずれも「私」と「私たち」を女性の立場で再定義する重要性が示唆されています。

　　　椎山女学園は「人間になろう」という言葉を，教育理念として掲げている。『エミール』を読んでこの「人間になろう」という言葉を考えてみると，本来人間は良い者として生まれていることを，まず念頭に置かなければならないと，つくづく思わされる。[10]

　　　人間は現在，公害，自然災害，テロや戦争の危機，事件や事故など人間の生命さえも脅かされるというさまざまな危機的状況にある。あるいは生命の危機とまではいえないまでも，身体的にも精神的にも，人間らしくない状況におかれている例も少なくない。「人間になろう」は，そうしたいわば人間性の喪失状況から人間性を回復する，あるいは世界中の誰もが人間として豊かな生活を享受できるようにする，あるいは人間性の創出，人間尊重のヒューマニズムの精神を創造する視点であると考える。（中略）人間性の復権，人間尊重のヒューマニズムの精神を，人類の連帯によって達成が目指され「人間」という目標に向かって自らが実践する自覚と主体性の重要さが理解されてはじめて，「人間になろう」は，その今日的意義が明確化され，未来への課題と展望をきりひらかせるのである。[11]

　　　人間教育は，今日日本の大学全体が課せられている課題であると言えるが，ほとんどの大学ではこの課題に応えようとはしていないし，実際応えていないのが実情である。しかし「人間になろう」を教育理念として掲げ，人間教育を推進する本学園を始め，女子大学の多くは人間教育を標榜している。そのような女子大学が人間教育の目標を具現していく意味は今日の日本においてはきわめて大きいのである。[12]

女性を含む「私たち」

　上記引用の「女子大学が人間教育の目標を具現していく意味は今日の日本にはきわめて大きい」という文章のなかで，「今日の日本」がとくに強調されているのはなぜでしょうか。

✏️ **ワーク 4　女性の視点で「私たち」を考えてみよう。**

　あなたは，日常生活において，性別による不平等を感じることがありますか？　あなたがそのように感じた理由は何でしょうか？

■ 不平等を感じたこと

　　

■ その理由

　政治学者の前田健太郎は，「そもそも，男性の支配が行われているのにもかかわらず，この日本という国が民主主義の国だとされているのは，なぜだろうか」と自らに問い，次のように答えています。「筆者も含めた多くの政治学者は，女性がいない政治の世界に慣れきってしまっていたようだ」[13]。「男性にとって，男女の不平等に関わる問題は優先順位が低い。だからこそ，それに関する研究成果は，政治学の教科書から排除されているのであろう」[14]。また，前田は，「政治」＝「共同体の構成員の話し合いを通じた，共通の利益を目指す活動」，「権力」＝「共同体の構成員に対して，彼らの意思に反することを強制する力」と定義し，いずれの「構成員」にも，日本では女性の割合がきわめて少ないと指摘[15]しています。つまり，社会のあらゆる共同体の構成員に，性別による影響が見られると言えるでしょう（本書第 2 章参照）。

　こうして見ると，「私たち」のなかに女性が少ないという未解決の課題がある今日においては，ルソーの人間論を敢えて女性のための「人間教育」として位置づける意義が認められるでしょう。したがって，女性を含むすべての人が「私」であり，同時に社会の意思決定に参画する構成員，つまり「私たち」であることを，トータルライフデザインの基礎として，ここで再確認しておきたいと思います。次に，「私」と「私たち」のためのトータルライフデザインの構成をみてみましょう。

③　トータルライフデザインの構成

トータルライフデザインの考え方

　トータルライフデザインの考え方の基本は，「私」が自分らしく生きること，「私たち」が互いに尊重し合う社会を創ること，このふたつを両立することです。2018年，先進国38か国が加盟する経済協力開発機構（OECD）は，「OECD Future of Education and Skills

2023 project（教育とスキルの未来2023プロジェクト[16]）」を発表し，そのなかで，「包摂的で持続的な未来の創造」のために，変化の著しい今日の世界においては，これまでよりも，個人の幸福と社会の幸福の両立をいっそう推進すべきであると提案しています。

✏️ **ワーク5　個人と社会のウェルビーイングとは何だろう？**

　下記の「OECD Future of Education and Skills 2023 project（教育とスキルの未来2023）」からの抜粋を読んで，あなたが重要と思う箇所に下線を引いてみましょう。

> 　目的がわからない行動を続けると，科学技術の急激な進歩は，むしろ格差や社会不安を拡大し，資源の枯渇を加速させることにもなりかねない。21世紀に入り，私たちの行動の目的はウェルビーイングの観点から定義されることが増えてきた。ウェルビーイングの概念は，所得や財産，職業，給料，住宅などの物質的な資源だけでなく，健康や市民としての社会参画，社会的関係，教育，安全，生活への満足度，環境などの，生活の質にも関わる。これらの公平性は，社会全体の包摂的な成長を下支えしている。
>
> 　教育は，包摂的で持続的な未来の創造に貢献し，またそこから恩恵を受けることができるような知識やスキル，態度及び価値を育成するというきわめて重要な役割がある。近い将来，明確な目標設定の仕方を学ぶこと，異なる考え方を持った人々と協働すること，機会を見いだすこと，重大な課題に対する複数の解決策を把握することなどが，不可欠な能力となるだろう。若者への教育は，就職準備が目的ではない。前向きで，責任ある行動をとることができ，積極的に社会参画する市民になる能力をつけなければならないのである[17]。

　個人と社会のウェルビーイングを両立させるために教育に課せられているのは，「社会参画する市民になる能力」育成だと，ここでは指摘されています。なぜなら，個人の利益のみを重視した仕事や「目的がわからない行動」は，ますます「格差や社会不安を拡大」し，社会全体の包摂性や持続性とは，逆行する恐れがあるからです（本書第5章，第6章参照）。そうすると，本章第1節において，好奇心，関心が働く意欲の基礎になることを述べましたが，「有用性」については，注意が必要です。今日の社会において何が有用なのか，常にさまざまな観点から刷新しながら，一人ひとりが社会参画しなければなりません。ここからは，このような考え方を前提として，トータルライフデザインにおける，「私」と「私たち」という2つの要素を見ていきましょう。

「私」はどう生きる？

　大学生のための人生をデザインする教育は，従来は「社会的・職業的自立を促す」ものとされてきました。しかし現在では，「将来，社会的・職業的に自立し，社会の中で自分の役割を果たしながら，自分らしい生き方を実現するための力[18]」を養うこと，つまり職業

図序.2　私たちの定義

（出所）筆者作成。

はもちろん，それのみならず，「社会の中で自分の役割を果たし」「自分らしい生き方を実現する」力を育むものと位置付けられるようになってきました。この考え方をふまえて，トータルライフデザインは，個人である「私」が，職場および，地域や家庭の生活の場で，さまざまな役割を果たすために，人生を総合的にデザインすることを目指しています。

　人生には，進学や就職，結婚，子育て，地域活動，介護などさまざまなライフイベントがあり，複数のイベントは並行して続いていきます。人生のさまざま場面で選択を迫られるとき，他人からの評価で自分を測るのではなく，自分自身の基準を自分の中にもち，自分らしく働き，生活するためには，どのようにしたら良いのでしょうか。本書の第1章，第2章，第3章，第4章では，この点について詳しく学んでいきます。

「私たち」はどんな社会を創る？

　18世紀にルソーが述べた理想の社会は，人が中心の市民社会でしたが，包摂性，持続可能性が課題とされる21世紀の現在，市民社会のみならず，自然環境も含めた地球に生きる「私たち」（図序.2）と，改めて再定義する必要があります。

　ルソーは，交換の契約，市民による自治，他者への共感力などによって理想の社会を構想しました。しかし，実際には，自分とは立場が異なるいろいろな人がいる社会の中では，対立や衝突を避けられないのが現実です。例えば人類学者，クロード・レヴィ＝ストロース（Claude Lévi-Strauss）が，どの文化にも，他の文化の道徳的，知的価値を批判できるような一定の基準はないとしたように[19]，それぞれ固有の価値観を尊重する必要性は，今では広く共有されています。また，自分がしてほしくないことを他人にもしないことが大切だ，と哲学者ヴォルテール（Voltaire）が述べるように[20]，多様な人が共存するためには，さまざまな工夫が必要です。

　その一方で，多様性こそ新しい価値創造の礎であり，産業の発展のアドバンテージであるとする，マシュー・サイド（Matthew Syed）のような視点もあります[21]。いずれにしろ，「私たち」は，それぞれが意思決定に参加し，多様な人と共存して，変化の著しい予測不能な未来を生きていかなければなりません。「私たち」がどんな社会を創るのかについては，本書第5章，第6章で詳しく学びます。

本書を通して，トータルライフデザインのための基礎力を身につけたうえで，さらに発展的・専門的な段階として，将来，仕事や生活のさまざまな場面で必要なスキルや知識（クリティカルシンキング，ビジネスキャリアデザイン，AI・データと社会，ジェンダー論など）を学ぶことで，あなたにとって，トータルライフデザインがより実質的なものになるでしょう。

注
（1）　ジャン＝ジャック・ルソー著／今野一雄訳『エミール』上・中・下巻，岩波書店，2007年。
（2）　同前，ルソー著『エミール』中巻，100-101頁。
（3）　同前，ルソー著『エミール』下巻，313頁。人民主権の制度については300-315頁参照。
（4）　同前，ルソー著『エミール』上巻，185-189頁。
（5）　同前，ルソー著『エミール』上巻，422-434，444-445頁。
（6）　同前，ルソー著『エミール』上巻，435頁。
（7）　同前，ルソー著『エミール』中巻，215-218頁。
（8）　メアリ・ウルストンクラーフト著／白井堯子訳『女性の権利の擁護——政治および道徳問題の批判をこめて』未來社，1980年。
（9）　椙山正弘「ルソーの『エミール』を読み直す」『椙山女学園ことば集』椙山女学園歴史文化館，2007年，165-166頁。
（10）　椙山正弘「人間を人間として認める」『椙山女学園ことば集』椙山女学園大学歴史文化館，1992年，153頁。
（11）　椙山正弘「椙山女学園のシンボルと教育理念『人間になろう』」『椙山女学園ことば集』椙山女学園大学歴史文化館，2010年，190頁。
（12）　同前，椙山「椙山女学園のシンボルと教育理念『人間になろう』」『椙山女学園ことば集』椙山女学園大学歴史文化館，2010年，190頁。
（13）　前田健太郎『女性のいない民主主義』岩波新書，2019年，ⅱ頁。
（14）　同前，前田『女性のいない民主主義』ⅴ頁。
（15）　同前，前田『女性のいない民主主義』16-20頁。
（16）　OECD, *OECD Future of Education and Skills Education 2030*, 2018.
（17）　同前, *OECD Future of Education and Skills Education 2030*, 2018, p. 3-4. 'Need for broader education goals: Individual and Collective well-being' の項目より抜粋し，引用者が訳した。
（18）　文部科学省「キャリア教育」（2024年1月23日取得，https://www.mext.go.jp/a_menu/shotou/career/）。
（19）　クロード・レヴィ＝ストロース著／大橋保夫訳『野生の思考』みすず書房，1976年。
（20）　ヴォルテール著／中川進訳『寛容論』中央公論新社，2011年。
（21）　マシュー・サイド著／有枝春訳『多様性の科学——画一的で凋落する組織，複数の視点で問題を解決する組織』ディスカヴァー・トゥエンティワン，2021年。

（藤岡阿由未）

第Ⅰ部

人生をデザインする力を育む

第1章

「私」を知ることで，豊かな人生設計を

> **本章のねらい**
> ・「私」の特徴を発見して，自分自身を理解しましょう。
> ・「私」らしさを支える「私」の強みについて知りましょう。
> ・わたしが目指したい「私」に近づくために，目標を設定しましょう。
>
> **キーワード**
> 　「私」　ウェルビーイング　強み　目標設定

1　ウェルビーイングの視点から考える「私」の特徴

トータルライフデザインを考える際の「私」の重要性

　大学1年生の読者は，大学生としての新しい生活が始まり，新鮮な気持ちと少しの戸惑いを感じている頃ではないかと思います。みなさんはどのような目的意識で，あるいはどのような学びを期待して，それぞれの学部学科に進学しましたか。すでに明確な目標が存在し，その夢に近づくために専門の学部に進んだ人もいれば，自分自身に何が向いているのかを探究するために，大学に進学した人もいるかもしれません。本書のさまざまなワークに取り組んでいく中で，今の段階であなた自身がどのようなことを考えているかが明確になっていきます。

　本書はトータルライフデザインすなわち，この広い社会のなかで，かけがえのないそれぞれの人生を自分らしく他者と共に生きていくために，あなた自身が人生をデザインしていくことを目指して編まれています（本書序章参照）。本章では，まず「私」について考えていきたいと思います。

　さて，「『あなた』とはどのような人ですか？」という質問にどのように答えますか？改めて問われると，このシンプルな問いの回答は案外難しいのではないでしょうか。「自分自身のことだから，そんなこと知っています」と思う人もいるかもしれませんが，本章のさまざまなワークに取り組む中で，きっと新しい「私」の発見があるでしょう。それでは，身近なようで，実は奥の深い「私」の探究に早速出発しましょう。

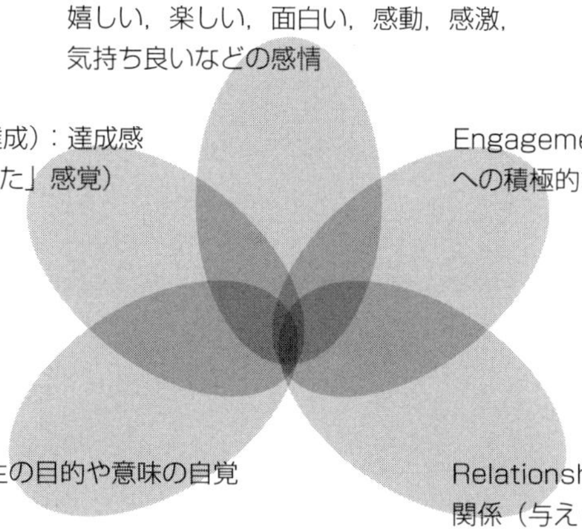

Positive Emotion（ポジティブ感情）：
嬉しい，楽しい，面白い，感動，感激，
気持ち良いなどの感情

Accomplishment（達成）：達成感
（小さなことでも「できた」感覚）

Engagement（エンゲージメント）：物事
への積極的な関わり，夢中になること

Meaning（意味）：人生の目的や意味の自覚

Relationship（関係性）：他者との良い
関係（与えられたり，与えたり）

図1.1　ウェルビーイングに関する PERMA モデル

（出所）筆者作成。

ウェルビーイングを捉える視点

　筆者が大学の授業で学生に「これからどんな風になりたいか？」と問うと，「幸せになりたい」「学生生活を充実させたい」という意見がよく出されます。「では，あなたが考える幸せや充実している状況とはどのようなものですか？」と重ねて質問すると，学生たちは返答に困ってしまいます。きっと誰もが「幸福に生きたい」「毎日を充実させたい」と思うでしょう。ポジティブ心理学では(1)，人間の肯定的な特徴に注目し，「個人の幸福な状態」や「自分らしく充実して過ごせる状態」を「ウェルビーイング（well-being）」という概念で説明します（本書序章参照）。本節では，まずはこのウェルビーイングの視点から，みなさんの「私」について考えてみましょう。

　ポジティブ心理学を提唱したマーティン・E・P・セリグマン（Martin E.P. Seligman）は，ウェルビーイングを構成する要素を5つ提案し，PERMA モデルを提唱しています（図1.1）(2)。イメージしやすいように，少し具体的なエピソードを示します(3)。

（1）保育園にて，なかなか何で遊ぶか決められずに佇んでいた A さん。色々試した後に叫んだ一言。「ねぇ，赤い三輪車，楽しい！」。

（2）中学校の放課後，もう誰もいなくなった教室で大好きな小説を読みふけっているところを，声をかけたら飛び上がった B さん。「えっ，なんで誰もいないの⁉」。

（3）やっと退院してきた親友と久しぶりの喫茶店。「朝のモーニングのコーヒーが飛び抜けて美味しかった」と笑顔で語る C さん。

（4）就職活動中，悩みに悩んでやっとしっくりくる自己 PR が書けた後，「先生，私仕事で何がしたいのかやっと分かった気がするかも」と呟いた D さん。

（5）冬の小学校，「マラソンカードをスタンプでいっぱいにするんだ！」と言いながら，

　　　嬉しそうに校庭を何度も走る体育が苦手なＥさん。

　これらのエピソードは，セリグマンが提唱する PERMA モデルの５つの要素，つまり（１）ポジティブ感情（Positive Emotion），（２）エンゲージメント（Engagement），（３）関係性（Relationship），（４）意味（Meaning），（５）達成（Accomplishment）の５つの要因をわかりやすく代表していると思います。

　（１）のエピソードのように，喜びや興奮，安堵は，わたしたちが日常の中で経験する「ポジティブ感情」の代表格です。そして，それらのポジティブ感情はまさに「感じる」ウェルビーイングと言えます。（２）「エンゲージメント」は，時が止まったように物事に打ち込むことを意味します。思わず時間を忘れて夢中になる体験もわたしたちのウェルビーイングを反映します。（３）ポジティブな「関係性」はイメージしやすいかもしれません。良好な人間関係はわたしたちに多くの恩恵を授けてくれます。あなたは誰と一緒にいることで安心し，元気になりますか。（４）「意味」もウェルビーイングの大切な側面です。どのような活動であっても，その意味や重要性があなたにとって明確でかけがえのないものであれば，たとえ他者からあまり生産的でない活動のように見えたとしてもやる気が湧き，充実した大事な時間となることでしょう。逆に意味が見出されない活動に取り組む時は，わたしたちはエネルギーを消耗するように感じられます。「なぜ？どうして？」という問いを大事にする人は，この視点からウェルビーイングを体験しているかもしれません。（５）の何かを「達成」することもウェルビーイングにつながります。自分が設定した目標に向かって努力を積み上げることや，小さなことでもやり遂げる体験は，成長や満足感を実感する機会となるでしょう。

　これらの５つのウェルビーイングの要素について，あなたはどの要素を最も認識しやすいでしょうか。また，どの要素を通じてあなたの日常の充実や幸福を体験していると言えるでしょうか。ワーク１では，あなたの PERMA の５つの要素について，一つずつ自分の体験をふり返り，具体的に記述することで，あなた自身のウェルビーイングの特徴について整理してみましょう。

✎ ワーク１　PERMA の５つの視点から自分の特徴について考えてみよう。
　以下のそれぞれの PERMA の要素について，「わたしが最近（PERMA のそれぞれの要素を）経験した場面は……」につづけて，a）どのような体験か，b）その体験にとって重要な要素を書きましょう。
①ポジティブ感情：嬉しい，楽しい，面白い，感動，感激，気持ち良いなどの感情。
　例：a）友達と一緒におやつを食べる会に参加する場面，b）気分を上げるためには，お気に入りのお菓子があることと，その時の気分が盛り上がる話題が重要。

a)

b)

②エンゲージメント：物事への積極的な関わり，夢中になったこと

　例：a）最近お気に入りで読み始めた小説を読んでいる時間，b）自分が好きな世界観か，登場人物が魅力的かどうか。

a)

b)

③関係性：他者との良い関係（与えたり，与えられたり）

　例：a）大学に入ってから意気投合した友達のAさん，サークルで知り合ったBさんと一緒にいる時間，b）共通する話題があること，お互いの意見が完全に一致していないところが面白い。

a)

b)

④意味：人生や生活における意味づけ，やりがい，理由

　例：a）私は部活の練習で朝練を毎日欠かさずに取り組むことにこだわった。b）尊敬していた先生が，上手・下手ではなくて，続けることに大事な学びがあるとおっしゃっていたことが腑に落ちた。

a)

b)

⑤達成：小さなことでも達成した感覚，体験

　例：a）私は「読書ノート」に感想を書き続けてきた。b）まずは読書が好きなこと。また「さらに1冊読んでノートをもう1頁増やしたい」と思う気持ちがあること，5頁ごとにノートにお気に入りのシールを貼り，デコレーションを楽しむこと。

---

　　a)

　　b)

　さて，あなたのウェルビーイングの特徴となる要素が見つかったでしょうか？　PERMA
の5つの要素は，あなたの日常の中でウェルビーイングにつながる「扉」のようなものと
理解してください。これらの要素は，常に活性化している必要はなく，ワーク1の中であ
なたが取り組みやすかった要素を日常生活の中で大事にしてみるのもよいでしょう。あな
たが生き生きとしている瞬間を捉えることにつながります。そのことが，自分らしい人生
をデザインするための重要なステップとなるのです。

2　「私」を支える「強み」を発見しよう

自分の長所を捉える難しさ

　13歳から29歳までの若者を対象とし，その意識について諸外国との比較調査を実施した
内閣府によると，「自分自身に満足している」「自分には長所があると感じている」に「そ
う思う」「どちらかといえばそう思う」と回答した者の割合は45.1％と62.3％でした。こ
の割合はいずれも同様の回答をした諸外国の若者の割合と比べ低く，同項目について調査
した平成25年度の調査時から6.6ポイント低い結果となったことが指摘されています[4]。

　これらのデータからは自分に自信が持ちにくい傾向や自分自身に十分に満足できていな
い若者の存在がうかがわれます。しかし，大学生活をはじめ日々の生活を生き生きと過ご
し，未来を設計する（本書第3章，第4章，第5章参照）時に，その前提として，「私」の
長所や魅力について十分に理解しているということが非常に重要です。

あなたの中にあるたくさんの「強み」を見つけよう

　本章第1節では，あなたのウェルビーイングの特徴について考察しました。みなさんが，
日々の生活を生き生きとあなたらしく過ごす背景には，実にたくさんの「強み」があなた
を支えています。本節では，ポジティブ心理学の領域で近年議論されている性格的な「強
み」（Character Strengths）を取り上げ，あなたらしさを支えている「強み」を整理してみ
ましょう。この「強み」は「人が活躍し，最善を尽くすことを可能にさせるような特性[5]」
と定義され，自分らしく頑張る時，また困った場面を切り抜ける時にあなたを支える内側
の資源になるとされています。

　「強み」に関する研究からは，6つのカテゴリー，計24個の「強み」が提案されていま

表1.1　24個の性格的「強み」の一覧

カテゴリ	「強み」の要素	内容（例）
知恵 （知識を得たり，活用する「強み」）	独創性	・私は何かをする時，他の方法がないかを考えるのが好きだ。 ・友人や同僚からユニークなアイディアを持っていると言われる。
	向学心	・私は，新しい知識や技術を学ぶことが好きだ。 ・何か新しいことを学ぶときにワクワクする。
	好奇心	・私はいつも世の中に好奇心を持っている。 ・新しいことに挑戦することが好きだ。
	見通し	・物事をよく見て，幅広い視点で理解しようとする。 ・いろいろな人からアドバイスを求められる。
	判断	・合理的に物事を考えることができる。 ・いつも物事の両面を検討するようにしている。
節度 （行動を制御して，行き過ぎを調整する「強み」）	寛大	・いつも過去のことは，過去のことと考える。 ・誰にでもやり直しの機会はあると思っている。
	謙虚	・私は，他者の意見をきちんと聞くことができる。 ・「縁の下の力持ち」という言葉が好きだ。
	自己コントロール	・自分の日常生活を健康的にコントロールしている。 ・必要な時に自分の感情をコントロールして行動することができる。
	思慮深さ・慎重	・いつも十分な準備をするように心がけている。 ・物事を多角的に捉えるように工夫している。
勇気 （逆境と向き合って，一歩前に進む「強み」）	勇敢	・必要であれば，抵抗にあうと分かっていても立ち向かう。 ・苦悩や失望に打ち勝つことができる。
	誠実性	・約束を大切にする。 ・「真心」を持って取り組むようにしている。
	勤勉	・自分が始めたことは，最後まで終わらせる。 ・誘惑があっても，やり遂げることができる。
	エネルギー	・何事も傍観者としてではなく，積極的に取り組む。 ・次の日が来ることをいつも楽しみにしている。
正義 （集団活動や社会での活動を促進する「強み」）	チームワーク	・グループの一員として全力を出す。 ・自分の所属するグループのためには，自分の信念をゆずることができる。
	リーダーシップ	・私は，成果が上がるようにリードするのが得意だ。 ・グループでみんなが気持ちよく取り組めるように気を配っている。
	平等・公平	・私は，誰にでも平等に対応する。 ・たとえ好きではなくても，その人に公平に対応することができる。
人間性 （対人関係における「強み」）	社会的適応力	・私はどのような状況であっても，それに合わせることができる。 ・他の人がどのような気持ちなのかを感じ取ることが得意だ。
	親切	・この1ヶ月以内に友達や他者を自発的に助けたことがある。 ・私は，他の人の幸運を自分のことのように嬉しく感じる。
	愛	・誰かを愛おしいと思うことができる。 ・私には自分のことのように，私のことを気にかけてくれる人がいる。
超越性 （より大きなつながりや意味を見出す「強み」）	審美心	・誰かの素晴らしさに触れると，涙が出そうになる。 ・美術館や博物館に行くのが好きだ。
	感謝	・自分の人生を振り返ると，感謝するべきことがたくさんあると思う。 ・いつも私を支えてくれる人に感謝している。
	ユーモア	・私は何かちょっとしたことでも，笑いを付け加えたいと思っている。 ・笑わせることで誰かを明るくする機会があると嬉しい。
	希望・楽観性	・私は希望を捨てない。 ・うまくいかないことがあっても，次のチャンスを目指して努力する。
	スピリチュアリティ	・自分のなすべきことについて考えるのが好きだ。 ・自分の「生き方」について，考えることができる。

（出所）Niemiec, R.M., and McGrath, R.E., *The power of character strengths: Appreciate and ignite your positive personality* VIA Institute on Character, 2019. を参考に筆者作成。

す。この24個の「強み」は，一人ひとりに共通して備わっていると仮定され，それぞれの「強み」がどの程度の強度で活性化しているかという違いによって，「私」らしさが表現されると考えられています(7)。表1.1に「強み」の一覧を示します。

✎ワーク2　重要な「強み」を見つけよう。

　表1.1を参考にしながら，24個の「強み」について考えてみましょう。下のワークシートにしたがって，自分の中で明確に活かされている「強み」だと考える場合には，「活性化」まで棒グラフを描いてください。あまり日常の中で活かされていない「強み」だと考える場合には，「不活性」まで線を引いてください。特に「活性化」していると思われる「強み」については，どのような場面において，どのような形でその強みが発揮されているか，ポイントなどをメモしておくと良いでしょう。それぞれの「強み」について評価してみましょう。

	強み	不活性	ふつう	活性化	ポイント・場面
例	独創性	████	████	████	パズルなどの問題を解く時に，自分だけの解法を考えることが好き。
例	見通し	████			
例	好奇心	████	████		
1	独創性				
2	向学心				
3	好奇心				
4	見通し				
5	判　断				
6	寛　大				
7	謙　虚				
8	自己コントロール				
9	思慮深さ・慎重				
10	勇　敢				
11	誠実性				
12	勤　勉				
13	エネルギー				
14	チームワーク				
15	リーダーシップ				
16	平等・公平				
17	社会的適応力				
18	親　切				
19	愛				

20	審美心				
21	感　謝				
22	ユーモア				
23	希望・楽観性				
24	スピリチュアリティ				

✎ ワーク3　あなたの重要な「強み」を見つけよう。

　評価した24個の「強み」の中から，あなたにとって最も自分らしい「強み」を一つ選択してください。また，それを選択した理由を考えてみましょう。選ぶことが難しいと感じる人は，最も無くなってしまったら困る「強み」はどれか考えてみるとよいでしょう。

▨ 最も自分らしい「強み」として選択された「強み」は？

▨ その選択理由は？

「私」を支える「重要な強み」の特徴を理解する

　ワーク3であなたが選択した「強み」は，「重要な強み（Signature Strength）」と呼ばれるあなたの素晴らしさを最も反映したものです。ワーク4では，あなたが選択した「強み」があなた自身と周囲にどのような影響を及ぼしているか，またその「強み」のイメージについて整理してみましょう。

✎ ワーク4　「重要な強み」の特徴をさらに掘り下げよう。

　ワーク3で選択した「重要な強み」は，あなたらしさを反映する重要な特徴です。以下の2つの問いに答える形で，もう少し具体的に考えてみましょう。
▨ あなたが選択した「重要な強み」は，①あなた自身に対して，また②あなたの周囲に対して，どのような良い影響をもたらしますか？ 具体的に記述してみましょう。
①あなた自身に対して

②周囲に対して

　　　　　　　　　　　　　　　　　　　　　　　　　　　　　　　　　　

■　「重要な強み」を持つあなたを，何かモノ（物・者）で例えてみましょう。あなたにとってしっくりくる例えを探しましょう。先ほどの周囲や自分に対して良い影響を及ぼす内容から連想するとイメージしやすいと思います。

「重要な強み：　　　　　　　　　　　　　　」を有するわたし
①

②

<h2>③　確実に前に進める目標設定を考えよう</h2>

目標を設定することの重要性

　本章第1節，第2節では，「私」の特徴を理解する作業に取り組んできました。本節では，「私」をどのように活かしていくか考えていきましょう。

　みなさんは，自分らしく日々を過ごしたいと思いますか。何かを成し遂げたり，工夫を凝らしたり，より良い形に修正したりすることはあなたにとって重要ですか。もし答えが「イエス」だとしたら，本節で扱う「目標設定」がとても重要です。何かを成し遂げるためには，まず「どのようになりたいのか」という目的をはっきりと描くことが大切です。これまで取り組んできた「私」の特徴を踏まえることで，今の「私」の延長線上にある将来の姿が明確になるでしょう。本節で考える目標設定は，その目的に到達するための手段や道筋に該当します。今の「私」が決めた計画は，将来の「私」にとって重要であり，それが「私」らしい人生をデザインしていくことへつながっていきます。

目標を立てる際の3つのポイント

　まずは「目標」を立てることについて考えていきます。ここでは目標を立てる際のポイントとして，目標のスパンと目標の大小，そして目標の属性という3つの観点から考えてみましょう（図1.2）。

　目標とはみなさんが思い描く未来の「私」に近づくための道標です。したがって，進みたい方向に，確実に一歩進めたと自分で確認できる目印を作ることが肝心です。そのためには，いつ頃にどのような姿を目指すのか，その姿に近づくためのステップをしっかりと

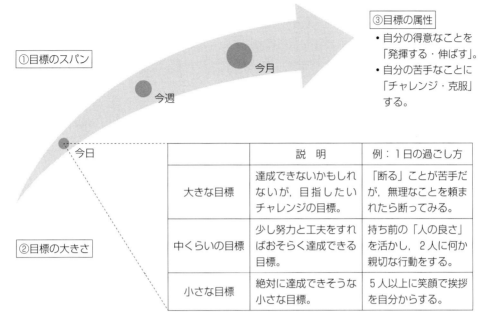

①目標のスパン

③目標の属性
- 自分の得意なことを「発揮する・伸ばす」。
- 自分の苦手なことに「チャレンジ・克服」する。

②目標の大きさ

	説　明	例：1日の過ごし方
大きな目標	達成できないかもしれないが，目指したいチャレンジの目標。	「断る」ことが苦手だが，無理なことを頼まれたら断ってみる。
中くらいの目標	少し努力と工夫をすればおそらく達成できる目標。	持ち前の「人の良さ」を活かし，2人に何か親切な行動をする。
小さな目標	絶対に達成できそうな小さな目標。	5人以上に笑顔で挨拶を自分からする。

図1.2　目標のスパン，大きさ，属性

（出所）筆者作成。

吟味して設定することがポイントになってきます（①目標のスパン）。今よりもほんの少しだけ前に進んだ「私」の具体的な姿を想像してみましょう。そして少しずつ先の「私」のイメージを膨らませていくと良いでしょう。なぜなら現実と目標のギャップが大きすぎると，うまくいかないという体験につながりやすいからです。

　目標設定の際に失敗しない次のポイントは，具体的であることです。「とにかく頑張る！」といった目標を立てがちですが，この目標では何をどのようにしたら頑張ったことになるのかが不明です。「△△を5回取り組む」といった行動や回数を明確にすることで，ふり返って確認することができます。何よりも「できた」と実感できる体験につながっていかなければ，「ダメだ……」と挫折することになってしまいます。したがって，目標は確実に遂行できる目標から，少し挑戦的な目標まで幅を持って設定するとよいでしょう（②目標の大きさ）。そして，うまくできたのであれば，自身の成長や効力感をしっかりと受け止め，うまくいかない部分について，どのような工夫があり得るかを思考することで前に進めるはずです。前にも書きましたが，目標を設定することは「私」が描く前向きな未来予想図と心得てください。

　最後のポイントは，皆さんが立てる③「目標の属性」です。これは，自分の得意な部分を磨いてより発揮することを目指すのか，あるいは自分が苦手なことにチャレンジして克服することを目指すのか，この2つの目標設定は取り組む中での感じ方が異なるものとなるでしょう。どちらが良い，悪いという性質のものではありません。どちらも大事な取り組みです。バランス良く目標を調節できるようになると良いでしょう。

✏ ワーク5　目標を設定する練習をしよう。

　あなたの今日・今週・今月の目標を立ててみましょう。まずはあなたが目指したい来月の「私」の姿を「目的」，つまり目指す「ゴール」として，設定してみましょう。来月の「私」の姿が明確に定まらない場合は，「今日（今週・今月）よりも明日（来週・来月），ほんの少しだけ成長するとしたら，どのような姿・行動か」を想像して目標として設定してみましょう。

■「来月に目指す（なっていたい）私の姿」

今日の目標	
小さな目標	
中くらいの目標	
大きな目標	

今週の目標	
小さな目標	
中くらいの目標	
大きな目標	

今月の目標	
小さな目標	
中くらいの目標	
大きな目標	

✏ ワーク6　あなたの1年間の目標を設定しよう。

　この後の1年間の目標を設定してみましょう。今学期の講義期間中における目標，長期休暇の目標，来学期の目標についてそれぞれ考えてみましょう。勉学だけではなく，アルバイトや部活動，対人関係など，あなたが取り組んでみたいと考えている事柄を取り上げてみてください。「○○しなければならない」という義務や課題意識よりも「○○してみたい」というあなたの希望を目標にすると考えやすくなるかもしれません。

	今学期の目標	長期休暇の目標	来学期の目標
小さな目標 （確実に達成できそうな目標）			
中くらいの目標 （少し努力と工夫をすれば，おそらく達成できる目標）			
大きな目標 （達成できないかもしれないが，目指したいチャレンジの目標）			

　さて，みなさんは新しい「私」と出会えたでしょうか。人生は「私」を探究する旅のようにたとえることもできます。時にはつまずくことや，失敗することもあるでしょう。「失敗したくない」「失敗したらおしまいだ」という気持ちになるかもしれません。しかし，失敗という経験もまた「私」を知るチャンスにもなります。「失敗」のままとするのか，それを自分の「強み」として活かす軌道修正の機会として捉えるのかを決めるのは，あなた自身です。

注
（1）　Seligman, M.E.P., and Csikszentmihalyi, M. "Positive Psychology: An introduction to positive psychology", *American Psychologist*, 55, 2000, 5-14.
（2）　Seligman, M.E.P. *Flourish: A visionary new understanding of happiness and well-being*, ATRIA Paperback, 2011.
（3）　川島一晃「先行き不安定な世の中を生き抜く今，内的世界の健やかさを目指して」，『日本発達心理学会ニュースレター』90号，2020年，17-18頁。
（4）　内閣府「我が国と諸外国の若者の意識に関する調査」令和元年6月（2024年1月23日取得，https://warp.da.ndl.go.jp/info:ndljp/pid/12927443/www8.cao.go.jp/youth/kenkyu/ishiki/h30/pdf-index.html）。
（5）　Wood, A.M., Linley, P.A., Maltby, J., Kashdan, T., and Hurling, R. "Using personal and psycho-logical strengths leads to increases in well- being over time: A longitudinal study and the development of the strengths use questionnaire", *Personality and Individual Differences*, 50, 2011, 15-19.
（6）　Peterson, C., and Seligman, M.E.P. *Character strength and virtues: A handbook and classification*, Oxford University Press, 2004.
（7）　Niemiec, R.M., and McGrath, R.E. *The power of character strengths: Appreciate and ignite your positive personality* VIA Institute on Character, 2019.

（川島一晃）

第2章

未来を切り拓く「私」

本章のねらい

・ジェンダーの視点から，自分の歩みを考え，性別に関わりなく自分に開かれた可能性を考えましょう。

・過去から現在まで，いまの「私」を形作った経験・体験や学びをふり返りましょう。

・未来の私を切り拓くために，4年間の大学生活においてどのような力を身につけたいかイメージしましょう。

キーワード

ジェンダー　学びのキャリア　社会人基礎力　人生100年時代の人生モデル

---

1 ジェンダーと「私」の生き方

ジェンダーという視点

　「私」はどのような人間か，いまの「私」はどのように形成されてきたのか。そして，未来の「私」はどのような人間になっているのか，なっていたいのか。自分の人生をデザインするために何をすればよいのか，どのような力を身につけるとよいのか，そもそもどのような人生を送りたいのか。その問いを探究するためには，いまの「私」を考えることから始まります。第1章では，ウェルビーイング（well-being）の視点から「私」を考え，「私」を支える「強み」について考えてきました。本節では，ジェンダーの視点から，わたしのこれまでの経験をふり返り，「私」の可能性について考えていきます。

　人は生まれた瞬間から，「元気な男の子・女の子ですよ〜」というように，医師や身近な人から，その人の性別に関わる多くのメッセージが投げかけられ，出生後14日以内には出生届が提出され，戸籍上の性別が割り当てられます。名前，おもちゃ，洋服，言葉かけなど，周りの人は子どもの性別によって異なる対応や態度を示すかもしれません。

　性別は人の生き方にどのように影響しているのでしょうか。社会を生きていく上で，あるいは日常生活において，性別という視点でみていくと，「あたりまえ」として気にしていなかったことや見えていなかったものが見えてきます。一人ひとりに起こるさまざまな出来事，自分の考えや価値観にも性別は関係しているのではないでしょうか。

　例えば，人の身体，性格，行動，考え方の特徴について性別を軸に判断したり，また性別によって違いがあると考えたりしていないでしょうか。たしかに現代社会においては，性別によって，役割期待，社会的・経済的・職業的地位，社会制度など，性別による違いが現実として存在しています。その違いはどこから生じるのでしょうか。生物学的な違いによって社会における性別による違いを「すべて」説明することはできません。そこで，社会における性別による違いや性別に関わる現象を考えるための基準としてジェンダーという考え方が登場しました。

　ジェンダーという言葉は，社会的・文化的性別と説明されます。ここではもっと掘り下げて，理解していきましょう。社会的・文化的に形成された性別ということは，わたしたちが社会や文化の中で「性別によって違いがある」という意識を自分たちで生み出していることになります。その意味で，ジェンダーとは，社会で共有された性別に関する社会的・文化的に形成された知識や意識のことです。言い換えれば，わたしたち一人ひとりがメスやオスといった生物学的な違いに対して，どのような意味を持たせているか，どのように考えているかという「肉体的差異に意味を付与する知⁽¹⁾」ということです。

　ジェンダーという視点を理解するとき，第1のポイントは，ジェンダーは日常的な行為として理解することです。例えば，「自分は男性である」という自己認識を持つ，服装やアクセサリーなど外見に「女性」というしるし（イメージ）をつける，社会や周囲がその性別の人に期待するような役割や能力などを身につける，「女性は〜すべき」と言った行動規範（ルール）にそった行動をする，といったことです。つまり，わたしたちは日常的に「ジェンダーしている（＝ doing gender）」ことになります。このことは，自分自身のジェンダー表現だけではなく，他者とのコミュニケーション，関係性にも影響していることにも気づくことがあるのではないでしょうか。

　第2のポイントは，ジェンダーは規範的に作用しているということです。規範とは，その社会のメンバーが従うべきとされる社会的ルール（約束事）のことです。社会の中で性別に相応しいとされる態度や行動，外見などが約束事となっているので，その約束事を守らなければ，他者から責められたり否定的な評価を受けてしまいます。「女性は○○すべき」「男性は○○した方がよい」など，社会には多くのジェンダー規範が潜んでいます。

ジェンダーの社会化

　では，わたしたちは，どのようにして自分の性別そして性別に関する意識を形成していくのでしょうか。先述したように，わたしたちは誕生直後から，親や周囲の人から，その個人の性別に相応しいとされている期待や働きかけを受けて育っていきます。伊藤裕子が紹介するとおり，発達心理学の見地によると，図2.1に示すように，子どもが性別の存在を知るのは，認知能力の発達にともなう2，3歳の時期とされています⁽²⁾。幼児期において，「ママは女，パパは男」「あの人は女」というように，他人の性別や物事などを男女に区

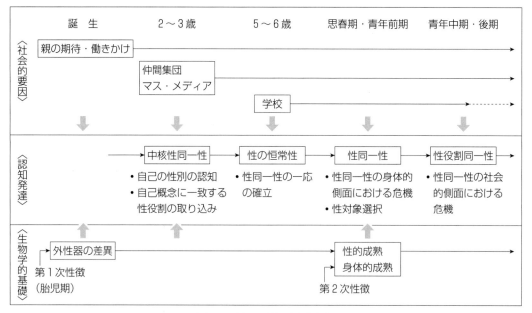

図2.1　性同一性の形成過程

（出所）伊藤裕子編著『ジェンダーの発達心理学』ミネルヴァ書房，2000年，34頁。

別することができるようになり，同時に，自分の性別に関する中核的な自己認識＝ジェンダー・アイデンティティ（性同一性・性自認）が形成されると言われています。

　性同一性が形成されていくにつれ，さまざまな情報をジェンダーで読み解き，自分の性別に期待される振る舞いをしたり，他人にもそれを求めたりするようになります。例えば，スカートをはくのは女の子，だからわたしも可愛いスカートをはきたいなと思う女児が「ママもスカートをはくと可愛いよ」と言うようなことです。それと同時に，異性のジェンダーイメージを避ける傾向もみられます。このことは，自分のジェンダー・アイデンティティが揺らぐのを回避したいという表れであり，「性の恒常性」（人の性別は，外見を変えても，時間が経過しても変わらないという一貫性）が獲得される中で，性役割に対する意識に柔軟性が表れるとされています。そして，思春期，青年前期は，第二次性徴という身体的成長に伴い，性に関する意識の揺らぎが生じる時期ともされていますが，その在りようは一人ひとり異なっています。

　このように，わたしたちは人的環境や社会的・文化的環境との相互作用の中で，一人ひとりがジェンダーに関わるさまざまな情報を与えられるだけでなく，自ら意味づけたり，選び取ったりしながら，ジェンダー意識を形成していきます。この過程のことをジェンダーの社会化と言います。そして，ジェンダー意識は時間の経過とともに変化していきます。さらに，一人ひとりにとっての幸せな生き方や心地よい性のあり方は多様です。

　さて，大学生となった〈いま〉のあなたは，ジェンダーについてどのような考え方をもっていますか。そして，これからの社会でそれらの考えはどう変化していくでしょうか。

✏ **ワーク 1　あなたのこれまでの経験をジェンダーの視点から考えてみよう。**

ステップ 1

　あなたが楽しかったこと，好きだった遊びは何でしたか，思い出してみよう。

■ 小学生の頃

①楽しかったこと・好きだった遊び

②その理由

③周りの人の反応

■ 中学生・高校生の頃

①楽しかったこと・好きだった遊び

②その理由

③周りの人の反応

ステップ 2

　もしも，あなたのいまの性別と異なる性別だった場合，これまでの経験とは違う経験をしたかもと思うことは何だろう（例えば「違うランドセルの色にした」「坊主にしていた」「スカートをはいていた」など）？

ステップ3

　あなたのこれまでの経験にどのように性別が影響しているか・影響していたか，気づいたこと・考えたことを書いてみよう。

```
[空欄]
```

ステップ4

　グループになって，周りの人の意見も聞いてみましょう。意見を聞いて，気づいたこと・考えたことを書いてみよう。

　また，年上の人に，ジェンダーに関連した話を聞いてみて，気づいたことを書いてみよう（例えば，「あなたの大学生時代と現在を比べて，女性や男性の振る舞い，ファッション，役割など，どのような変化が見られると思いますか」「これまでの人生や生き方に性別の影響はありましたか」など）。

```
[空欄]
```

② わたしの自分づくり

学びのキャリア

　人間は誕生直後から身近な環境との関わりの中で成長していきます。親，きょうだい，身近な大人や友人など人との関わり，自然，文化，社会との関わりの中で，学ぶことによって自己を形成していきます。もしかしたら，学ぶこと＝勉強とイメージしてしまうかもしれません。

　では，「勉強」という言葉には，どのような意味があるのでしょうか。『広辞苑』（第7版，岩波書店）によれば，「精を出してつとめること。学問や技術を学ぶこと。さまざまな経験を積んで学ぶこと」とあります。次に，学ぶこと，すなわち「学習」は，「まなびならうこと。経験によって新しい知識・技能・態度・行動傾向・認知様式などを習得すること，およびそのための活動」と記されています。つまり，勉強は努力して学問や技術を身につけることであり，学ぶことはわたしたちが日々生きていく中でさまざまな経験を通して新たな知識や技能を習得する営みということです。

　このように考えると，生きることそれ自体が学びであり，わたしたちは学びのキャリアを日々積み重ねていることになります。現代社会においては，学校という場が，学びや人

間形成の重要な機能を担っています。わたしたちは皆，学びの機会を得ること＝教育の機会を得ることを保障されています。教育を受ける権利は，日本国憲法第26条において，「すべて国民は，法律の定めるところにより，その能力に応じて，ひとしく教育を受ける権利を有する」と規定されています。そして，教育基本法第4条では，教育の機会均等について，「すべて国民は，ひとしく，その能力に応じた教育を受ける機会を与えられなければならず，人種，信条，性別，社会的身分，経済的地位又は門地によって，教育上差別されない」と謳われています。

　戦前の日本においては，高等教育機関である大学への入学は原則として男性しか認められていませんでした。中学・高校段階の教育においても，男女別学や男女によって教育内容が異なっていたり，修業年限に差があったりと，学ぶ機会に性別による制限がありました。

　そこで，戦後1947年に公布・施行された「教育基本法」では，第3条（制定時）で教育の機会均等，第5条（制定時）で男女共学が規定され，教育における男女平等，とくに女子の社会的地位の向上に向けた女子教育の必要性が謳われました。2006年の教育基本法の改正において，男女共学の項目は削除されましたが，第2条「教育目標」において，男女平等が掲げられています。また，「男女共同参画社会基本法」においても，男女が性別による差別的取り扱いを受けずに，個人として能力を発揮する機会が確保される社会を目指すことが示されています。

大学での学び

　では，大学とはどういうところでしょうか。大学の目的については，学校教育法第83条第1項で「大学は，学術の中心として，広く知識を授けるとともに，深く専門の学芸を教授研究し，知的，道徳的及び応用的能力を展開させることを目的とする」，第2項で「大学は，その目的を実現するための教育研究を行い，その成果を広く社会に提供することにより，社会の発展に寄与するものとする」と定められています。みなさんは，学校で，そして大学で学ぶことについて，どのように考えていますか。

　序章で述べられたように，「私」の生き方を自由に選択して生きるためには，まず自分を理解し，必要な知識を身につけ，他の人たちとの関わりを通して模索するという段階があります。大学での学びもまた模索の時期と言えます。これからの社会で「私」はどう生きていくか。自分の個性と能力を活かしながら，自分らしい人生を歩んでいくために，大学生活において具体的に何をしたらよいのでしょうか。まずは，過去の自分をふり返り，どのようなことを経験してきたか，何を学んできたか，自分の辿ってきた道筋をふり返ってみましょう。

✎ ワーク2　学ぶわたしを知る。

　将来の自分をイメージするには，いまの自分を知ることが必要です。これまで経験してきたこと，がんばってきたこと，夢中になっていたこと，苦手だったことをふり返り，自分の中にある興味や関心を理解し，そこから自分の視野を広げていくための，学びの糸口を見つけ，自分の特徴とそれらの活かし方を考えてみよう。

	小学校時代	中学校時代	高校時代
どんなことをしていた？			
がんばったこと 力を入れたこと 自慢できること（例：習い事，部活動）			
好きだったこと 関心をもっていたこと 　（例：歌うこと，アニメ，食べること）			
嫌いだったこと苦手だったこと 　（例：人前で話す，体育のボール競技）			
印象に残っている人，その理由 　（友人の○○：親友）			

■ いまふり返ると，本当はやってみたかったと思うことはありますか。

①小学生の時

②中学生の時

③高校生の時

✏️ ワーク3　わたしの学びのふり返りといまの関心。

　これまでの学校生活において，好きだった・嫌いだった科目やテーマ，その理由について考えてみよう。

▨ かつて嫌いだったけれど，いまのあなたは違うかもしれません。関心を持つと自分の視野も拡がっていきます。関心の変化など，いまのわたしにどうつながっているのか，わたしの学びのキャリアをふり返ってみよう。

好きだった科目・テーマ	その理由

嫌いだった科目・テーマ	その理由

▨ 何を学ぶために大学に進学したのかを考えてみよう。どのようなことを学びたいか・学んでいるか，それは自分にとって将来どのように役立つと思いますか。

学びたいこと・学んでいること	将来どのように役立つと思うか

③　未来の「私」を描く

これからの社会でどう生きていくか——人生100年時代の人生モデル

　前節まで，ジェンダーの視点と学びのキャリアの視点から，過去から現在まで，いまの「私」を形作った経験・体験をふり返ってきました。本節では，この2つの視点をもとに，これからの社会をどう生きていくか，そのために大学生活の中で，身につけたいこと，経験したいことについて考えていきましょう。

　あなたは，「人生100年時代」という言葉を聞いたことがありますか。これは，イギリスの経営学者リンダ・グラットン（Lynda Gratton）がアンドリュー・スコット（Andrew Scott）との共著『LIFE SHIFT』（東洋経済新聞社，2016年）で提唱した言葉です。先進国における平均寿命は延び，日本において2007年に生まれた子どもの半数が107歳より長く生きるという海外での研究成果から，100歳くらいまで生きるようになると，教育を受けて，働いて，定年を迎えて，余生を過ごすといったこれまでの人生モデルは通用しなくなると指摘しました[3]。そこで，「人生100年時代」をどう過ごすか，図2.2に示すように，これまでの3つのステージに変わって，新たな人生モデルとして提案されたのは，学校を卒業した後，働いている時期やその合間に，一時的に職場から離れ，自身のキャリアを追求するための学び直しを繰り返しつつ，新しい仕事に挑戦したり，新たな働き方や生き方を選択したりする「マルチステージ」の人生モデルの発想です[4]。

　さて，急激に変化するいまの社会において，新たな働き方，生き方が求められています。あなたは自分の人生をどのようにイメージしていますか？　充実した日々や満足する人生を歩むため，今後の社会で必要とされることは何でしょうか。大学卒業後は，職場や地域社会など，さまざまな組織や集団の中で，多様な人々と関わりながら生きていきます。序章でも述べられたように，自立した個人として，同時に社会の意思決定に参画する構成員として，いま求められることはどのようなことか考えていきましょう。

人生100年時代の社会人基礎力

　「社会人基礎力」とは，2006年に経済産業省が提唱したもので，「職場や地域社会で多様な人々と仕事をしていくために必要な基礎的な力」として定義しました[5]。その後，IoTやビッグデータ，AIなどの技術革新（第4次産業革命）による産業構造の変化や就業構造の変化によって働き方・生き方の多様化が進む中，2018年「我が国産業における人材力強化に向けた研究会」において見直しが行われました。そこでは，「人生100年時代の社会人基礎力」として，「これまで以上に長くなる個人の企業・組織・社会との関わりの中で，ライフステージの各段階で活躍し続けるために求められる力」と定義しています。具体的には，表2.1に示すように，3つの能力と12の能力要素によって構成されています[6]。

３つのステージ・モデル

マルチステージ・モデル

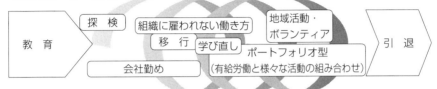

人生のそれぞれのステージで，自分探しや学び直し，働き方など，
さまざまキャリアを行き来する

図2.2　３つのステージ・モデルとマルチステージ・モデル

（出所）人生100年時代構想会議第１回構想会議（2017年９月11日）配布資料「リンダ・グラットン
議員提出資料」（2024年１月23日取得，https://warp.ndl.go.jp/info:ndljp/pid/10976787/
www.kantei.go.jp/jp/singi/jinsei100nen/dai1/siryou4-1.pdf）より筆者作成。

　人生100年時代には，社会人基礎力として示された内容を，人生の各段階で自分をふり
返りながら，次の３つの視点でバランスを図ることが自分のキャリアを切り拓いていく上
で必要であると位置づけられています。第１に，何を学ぶか，学び続けることを学ぶとい
う学びの視点です。第２に，どのように学ぶか，多様な体験・経験，能力，キャリアを組
み合わせ統合するという統合の視点です。第３に，どう活躍するか，自己実現や社会貢献
に向けて行動するという目的の視点です。

　大学生であれば，何を学んで社会で活躍するための基礎とするのか，誰と関わり，どの
ような体験をするのかをまず考えてみましょう。またそれらを活かして，職業や社会とど
う関わりたいのかということも考えてみるとよいでしょう。

　これから先，時代や環境の変化，人生に訪れるさまざまな転機において，どのような選
択をするのか（本章第３章参照）。社会人基礎力として示されているものは，自分を軸とす
る生き方の選択にもつながる一つの考え方として参考になるでしょう。これらの力は，大
学生活における多様な経験と他者との関わりの中で身につけることが可能です。いろいろ
なことに挑戦していきましょう。

大学卒業までに身につけたい力

　さて，あなたは，大学を卒業する時にどのような「私」になっていたいですか。大学４
年間で身につけたい力は何でしょうか。あなたのもつ個性，能力，可能性を活かすために
は，自分の考えを自分なりの表現方法で他者に伝えること，またその試行錯誤が大切です。
それらの経験によって，さまざまな場面での意思決定に参加し活躍する人に成長します。

表2.1　社会人基礎力（3つの能力・12の能力要素）

3つの能力	能力要素	内　容	人生100年時代
前に踏み出す力 （Action）	主体性	物事に進んで取り組む力 例）指示を待つのではなく，自らやるべきことを見つけて積極的に取り組む。	指示待ちにならず，一人称で物事を捉え，自ら行動できるようになることが求められている。
	働きかけ力	他人に働きかけ巻き込む力 例）「やろうじゃないか」と呼びかけ，目的に向かって周囲の人々を動かしていく。	
	実行力	目的を設定し確実に行動する力 例）言われたことをやるだけではなく自ら目標を設定し，失敗を恐れず行動に移し，粘り強く取り組む。	
考え抜く力 （Thinking）	課題発見力	現状を分析し目的や課題を明らかにする力 例）目標に向かって，自ら「ここに問題があり，解決が必要だ」と提案する。	論理的に答えを出すこと以上に，自ら課題提起し，解決のためのシナリオを描く，自律的な思考力が求められている。
	計画力	課題の解決に向けたプロセスを明らかにし準備する力 例）課題の解決に向けた複数のプロセスを明確にし，「その中で最善のものは何か」を検討し，それに向けた準備をする。	
	創造力	新しい価値を生み出す力 例）既存の発想にとらわれず，課題に対して新しい解決方法を考える。	
チームで働く力 （Teamwork）	発信力	自分の意見をわかりやすく伝える力 例）自分の意見をわかりやすく整理した上で，相手に理解してもらうように的確に伝える。	グループ内の協調性だけに留まらず，多様な人々との繋がりや協働を生み出す力が求められている。
	傾聴力	相手の意見を丁寧に聴く力 例）相手の話しやすい環境をつくり，適切なタイミングで質問するなど相手の意見を引き出す。	
	柔軟性	意見の違いや立場の違いを理解する力 例）自分のルールややり方に固執するのではなく，相手の意見や立場を尊重し理解する。	
	情況把握力	自分と周囲の人々や物事との関係性を理解する力 例）チームで仕事をするとき，自分がどのような役割を果たすべきかを理解する。	
	規律性	社会のルールや人との約束を守る力 例）情況に応じて，社会のルールに則って自らの発言や行動を適切に律する。	
	ストレスコントロール力	ストレスの発生源に対応する力 例）ストレスを感じることがあっても，成長の機会だとポジティブに捉えて肩の力を抜いて対応する。	

（出所）経済産業省「社会人基礎力に関する研究会——中間取りまとめ」2006年1月20日，（2024年1月23日取得，https://warp.da.ndl.go.jp/info:ndljp/pid/3196221/www.meti.go.jp/policy/kisoryoku/torimatome.htm）を参考に筆者作成。

　未来を切り拓く「私」を具体的にイメージし，あなた自身がどのように生きていきたいか，人生をデザインする力を身につけるために，卒業時までにどのような経験や力を身につけたいか考えてみましょう。

✐ ワーク 4　未来を切り拓く「私」をイメージしよう。

■ 大学を卒業する時までに，必ず成し遂げたいことを 5 つ以上挙げてみよう。

■ 4 年後の私からの手紙 or4 年後の私への手紙を書いてみよう。

注
（1）　ジョーン・W・スコット著／荻野美穂訳『ジェンダーと歴史学』平凡社，1992年，16頁。
（2）　伊藤裕子編著『ジェンダーの発達心理学』ミネルヴァ書房，2000年，34頁。
（3）　リンダ・グラットン，アンドリュー・スコット著／池村千秋訳『LIFE SHIFT ——100年時代の人生戦略』東洋経済新聞社，2016年。
（4）　人生100年時代構想会議第 1 回構想会議（2017年 9 月11日）配布資料「リンダ・グラットン議員提出資料」（2024年 1 月23日取得，https://warp.ndl.go.jp/info:ndljp/pid/10976787/www.kantei.go.jp/jp/singi/jinsei100nen/dai1/siryou4-1.pdf）。
（5）　経済産業省「社会人基礎力に関する研究会——中間取りまとめ」2006年 1 月20日，（2024年 1 月23日取得，https://warp.da.ndl.go.jp/info:ndljp/pid/3196221/www.meti.go.jp/policy/kisoryoku/torimatome.htm）
（6）　同前，経済産業省「社会人基礎力に関する研究会——中間取りまとめ」14頁。

（藤原直子）

第Ⅱ部

生涯を通じたキャリア形成

第3章
「私」らしいライフキャリアを考えよう

本章のねらい

・暗黙に持っている人生イメージを問い直しましょう。

・ライフキャリアの概念を理解し，「私」のライフキャリアをイメージしましょう。

・「私」らしいライフキャリアを実現するための手がかりをつかみましょう。

キーワード

　ライフイベント　ライフコース　「私」らしいライフキャリア　トランジション

---

1 暗黙の人生イメージを問い直してみよう

ライフイベントの変化を見る

　本書序章において，トータルライフデザインとは，個人である「私」が仕事および地域や家庭の生活の場で，さまざまな役割を果たすために人生を総合的にデザインするということを学びました。また第1章と第2章では，「私」とは何者なのかについて，過去から未来を通して考えました。本章では，その「私」が体験する仕事，地域，家庭などの生活と「私」自身との関わりについて，考えてみましょう。

　大学生のみなさんの今後の生活では，大学の卒業やさらなる進学，企業や団体等への就職，そこからの転職や退職，結婚，出産と育児，介護など，それぞれの人生における大きな出来事が起こります。これらを「ライフイベント」と呼びます。これらのライフイベントについて，みなさんはどのようなイメージを持っているでしょうか。この節ではまずライフイベントのうち仕事，家庭（結婚・パートナーシップ），子育て（次世代育成）について取り上げ，その実情を見ていきましょう。

　仕事に関するライフイベントには，就職，転職，退職，起業などがあります。就職から退職までの期間すなわち勤続年数に関する調査結果から，50歳代以上では平均勤続年数はほぼ横ばいですが，40歳代以下においては，1990年代から徐々に勤続年数が短くなっている傾向が見られます。現在の若年から中年の世代においては，同一の組織で働き続ける年数が減少しているようです。

　では転職についてはどうでしょう。総務省統計局の調査によると，ここ数年の転職者

（過去 1 年間に離職を経験した者）は，就業者の 4 〜 5 ％ほどを占めています。特に15〜24歳では就業者の約10％，25〜34歳では約 6 〜 7 ％となっています。その理由を見てみると，「より良い条件の仕事を探すため」という理由が最も多く，かつ経年的に増加しています。⁽²⁾

　近年では本業以外の仕事を持つ副業や兼業，さらに新しく事業を起こす起業も注目されています。2019年から働き方改革関連法が随時施行され，働き方が柔軟かつ多様になってきていること，2018年に政府が企業に対して副業や兼業を促す方針を打ち出したこと，さらに2019年末からの新型コロナウイルス感染拡大によるリモートワークの急増から，この傾向は強まっていると考えられます。

　次に結婚・パートナーシップに関するライフイベントを見ていきましょう。まず結婚の有無に関する国勢調査を見てみると，男女差はありますが，20歳代では未婚が約 7 割，有配偶者が 2 〜 3 割，30歳代では未婚が約 3 割，有配偶者が約 6 割，40歳代では未婚が 2 割，有配偶者が 7 割となっています。⁽³⁾経年的な推移からは，1980年以降，どの年代でも未婚率が上昇している傾向が見られます。⁽⁴⁾一方，婚姻届は提出せずにパートナーシップを結ぶ事実婚も広がっています。また，同性同士のカップルなどに対して自治体が婚姻に相当する関係として公的に認める制度も，徐々に導入されています。

　これらより，結婚することが当たり前ではなく，結婚するのかしないのか，どのような形態でパートナーシップを結ぶのかを選ぶ時代になってきていると言えるでしょう。

　最後は子どもを持つことや子育てについて見ていきましょう。出生数は，年間200万人を超えていた第 2 次ベビーブームが過ぎたあと徐々に減少し，2022年には80万人を下回りました。⁽⁵⁾また一人の女性が一生の間に生む子どもの数の推計である合計特殊出生率も第 2 次ベビーブームの2.0前後から緩やかに低下し，2022年には約1.26となっています。政府は様々な出産・育児支援の対策を打ち出し，安心して子どもを産み育てられる環境を整える方向に動いています。

　子どもが育つ場を見てみると，里親・ファミリーホームで育つ子ども，乳児院・児童養護施設・児童心理治療施設・児童自立支援施設・母子生活支援施設などに入所している子どもの数は，4 万人超を維持しています。⁽⁶⁾特に虐待を受けた子どもの数は年々増加し，社会全体での子育てやその支援が大切になっています。

　以上より，結婚と同様，個人が子どもを持ち育てることは現代では自由に選択するものとなっていること，出産や子育ては個人の責任に委ねられるだけでなく，社会全体でどう支えるかを考えるべき時代になっていると言えるでしょう。

　上記をまとめると表3.1のように示されます。20世紀後半の高度経済成長を支えた男女の性別役割分業，すなわち男性の同一組織での長期間就労と女性の家事・育児を中心としたライフイベントの経験のあり方が変化し，働き方，パートナーシップのあり方，子どもを持ち育てる方法が，いずれも多様化しつつあるとまとめられます。

表3.1　ライフイベントのあり方のこれまでと現在

	これまで	現　在
仕　事	同一組織での長期就労	転職・副業しながらの就労の増加
家　庭	異性との婚姻	シングル，事実婚，多様なパートナーシップの増加
子育て	自分の家庭での出産・子育て	社会全体での子育ての増加

（出所）筆者作成。

親世代のライフコースとわたしたちのライフコース

　前節で見たようなライフイベントを，人生の道のりとして見てみましょう。人生のなかでライフイベントを体験する道のりを，「ライフコース」と呼びます。ここには男女差が見られ，男性の場合では，仕事を持ち家庭を築くというライフコースが長らく典型とされてきました。一方女性の場合では，仕事を持つこと，結婚すること，子どもを持つことが同時に達成しにくい社会であったことから，次のようなライフコースの種類が設定されています。[7]

（1）専業主婦コース：結婚し子どもを持ち，結婚あるいは出産の機会に退職し，その後は仕事を持たない。

（2）再就職コース：結婚し子どもを持つが，結婚あるいは出産の機会にいったん退職し，子育て後に再び仕事を持つ。

（3）両立コース：結婚し子どもを持ち，仕事を続ける。

（4）DINKS コース：結婚するが子どもは持たず，仕事を続ける。

（5）非婚就業コース：結婚せず，仕事を続ける。

　35歳未満の未婚男女を対象とした「出生動向基本調査」から，女性が理想とするライフコース，女性が予定するライフコース，男性がパートナーに希望するライフコースの約35年間の変化を見てみると，いずれにおいても「専業主婦コース」が大幅に減少，「再就職コース」がやや減少し，代わりに「両立コース」「DINKS コース」が増えていることが分かります。また女性においては「非婚就業コース」も大幅に増えています（図3.1）。

　図3.1から，結婚・出産を経て女性は家庭，男性は仕事といったステレオタイプなライフコースのあり方が，この35年間で大きく変化していることが読みとれます。現代の若者世代とその親世代の違いとして把握することもできるでしょう。すなわち女性のライフコースについて，現代の若者世代は仕事継続を中心とするイメージを持っているのに対して，その親世代は結婚・子育てを中心とするイメージを持っていると言えます。したがって世代間でコミュニケーションをとる際には，このような仕事や結婚・子育てに関するイメージのギャップがあることを想定しておくと，互いを尊重した建設的な話し合いができるでしょう。

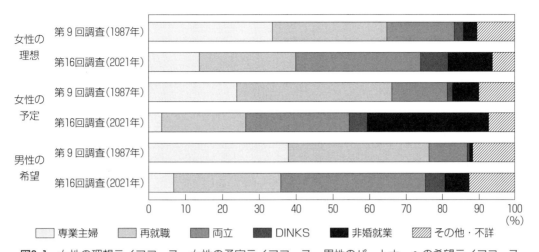

図3.1　女性の理想ライフコース，女性の予定ライフコース，男性のパートナーへの希望ライフコース
（出所）国立社会保障・人口問題研究所「出生動向基本調査」より筆者作成。（2024年1月23日取得，https://www.ipss.go.jp/site-ad/index_Japanese/shussho-index.html）

✏ ワーク1　ライフイベントとライフコースの「未来の社会」を予想しよう。

　表3.1ではライフイベントのこれまでと現在を比較しました。今後はさらに多様に変化することが予想されます。みなさん自身が体験する数年後から数十年後には，社会はどのように変化するでしょうか。仕事，家庭，子育てといったライフイベント，またその組み合わせであるライフコースの変化について，予想してみましょう。

①未来の仕事（考えるポイント：働き方，働く場所，働く時間，仕事の種類）

②未来の家庭（考えるポイント：家庭のあり方，家庭での過ごし方，家族の構成）

③未来の子育て（考えるポイント：子育てのあり方，子どもの育ち方）

④未来のライフコース（考えるポイント：仕事・家庭・趣味などの両立や組み合わせの仕方）

２　ライフキャリアを理解し，イメージしよう

ライフキャリアという視点

　ここまではライフイベントやライフコースという側面から，わたしたちの人生を見てきました。そしてライフイベントの体験の仕方やライフコースのあり方は多様化しつつあり，そこには個人差があることが分かってきました。では，わたしたち一人ひとりの人生のあり方はどのように考えたら良いでしょうか。本節では人の心理面も含む「キャリア」という用語を紹介します。

　キャリアの語源はラテン語の carrus（荷馬車，車輪の跡）だとされています。わたしたちは人生という道のりを，荷車を引いて歩いているのだと想像してみてください。人はその道すがら，経験したことやそれを自分なりに意味づけたことを，荷車に乗せて進んでいると考えられます。そこで積みこまれた荷物の数々，また歩みの道中で後ろをふりかえった時に見えた轍がキャリアなのだと言うことができるでしょう。

　キャリアという概念は元々，仕事上の経歴や行動について用いられていました。しかしその後，仕事に加えて家庭，学び，余暇，地域といった生活上のあらゆる側面に広げて考えるように発展していきました（本書序章参照）。この違いを明確にする場合には，前者を「ワークキャリア」（本書第4章参照），後者を「ライフキャリア」と呼びます（図3.2）。

　ワークキャリアとライフキャリアの定義は，次のようにまとめられます。

（1）ワークキャリア：人が仕事上の役割に関して，経験したことやそれを意味づけたことの連なり。

（2）ライフキャリア：人があらゆる社会的な役割に関して，経験したことやそれを意味づけたことの連なり。

　ライフキャリアの観点から考えると，みなさんはすでに，家庭での子どもとしてのキャリア，児童・生徒・学生としての学びのキャリア，趣味やスポーツなどを楽しんでいる人はそこでのキャリアを経験し，積み重ねてきていると言えます。それらのキャリアに加えて，今後はアルバイトや就職によって，ワークキャリアが始まるということになります（本書第4章参照）。そしてライフキャリア全体をデザインすることは，トータルライフデザインそのものであるとも言えます（本書序章参照）。

個性が光るライフキャリア・レインボー

　ではそのライフキャリアをもう少しイメージしてみましょう。そのためにドナルド・E・スーパー（Donald E. Super）による「ライフスパン・ライフスペース・アプローチ」

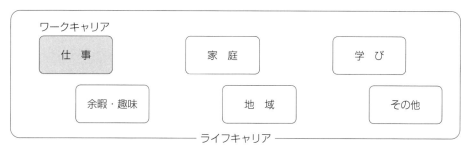

図3.2 ワークキャリアとライフキャリア

（出所）筆者作成。

を紹介します。⁽⁸⁾

「ライフスペース」というのは，複数のキャリアを幅広くとらえようとする視点です。先ほどライフキャリアの複数の領域や役割として考えたもの（子ども，学生，余暇人，市民，労働者，家庭人）が当てはまります。それぞれのキャリアでは，年齢段階によっていつ始まりいつ終わるのか，何歳くらいに充実するのかが異なります。ライフキャリアにおいて時間軸をとらえる視点が，人生の見通しすなわち「ライフスパン」です。

そしてライフスパンとライフスペースという2つの視点から，ライフキャリアを虹にたとえて表現したものが「ライフキャリア・レインボー」（図3.3）です。ここでは，複数のライフキャリアを虹の各色で示し，年齢を虹の外側の数字で示しています。そして，どの年齢段階でどのキャリアにどの程度のエネルギーを傾けたかを，虹の各色の太さで表現します。

図3.3のライフキャリア・レインボーが描かれた人は，子どもキャリアのあと6歳頃に学生キャリアが始まり，10歳頃から趣味を開始して余暇人キャリアが始まっています。学生キャリアがいったん終わった25歳過ぎには，代わりに労働者キャリアが始まっています。30歳頃には結婚等によって家庭人キャリアが始まり，同時に余暇人キャリアも再開します。さらに30歳代前半には一時的に学生キャリアも再開しており，複数キャリアが充実した時期だと見られます。45歳頃には労働者キャリアがいったん途切れて代わりに学生キャリアが充実しており，ここでは学び直しをしていることが読みとれます（本書第2章，第5章参照）。子どもキャリアの終盤の充実と60歳過ぎの終了は，老親の世話とその看取りを表しています。本人は65歳頃に労働者キャリアを終え，その後余暇人，市民，家庭人キャリアを充実させて80歳頃にライフキャリアを終えています。

これは一例であり，どんなキャリアをたどるのか，またどの時期にどこにエネルギーを傾けるかによって，ライフキャリアはそれぞれ異なる輝きをもつことになります。

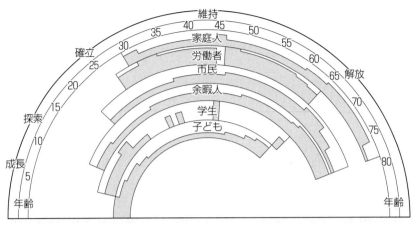

図3.3 ライフキャリア・レインボー

（出所）Super, Donald E. 1990, "A Life-Span, Life-Space Approach to Career Development," Duane Brown, Linda Brooks and associates eds., *Career Choice and Development: Applying Contemporary Theories to Practice*, San Francisco: Jossey-Bass Inc., Publishers and Oxfors: Jossey-Bass Limited, 197-261.

🖊 **ワーク2　あなたのライフキャリア・レインボーをイメージしよう。**

　あなた独自のライフキャリア・レインボーを描いてみましょう。

ステップ1

　これまでどの時期，どのキャリアに，どの程度エネルギーや時間を注いできたかを考えてください。そしてそのエネルギーや時間の程度をキャリアの虹の太さで表してみましょう。主観的でおおまかなイメージで構いません。なお「その他」には，あなたの人生にとって大切なその他のキャリア（例えば病気や障害のキャリア，転居や留学のキャリア）を入れても結構です。

ステップ2

　今後の人生で，どのような年齢段階でどのキャリアにどの程度エネルギーや時間を注ぎたいのかをイメージし，理想とする虹を描いてみましょう。

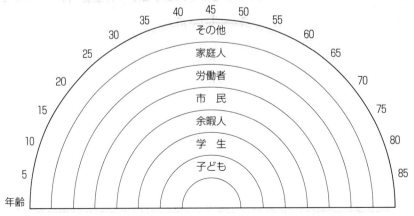

トランジションを乗り越える

　前節ではライフキャリアをイメージしました。そこで、キャリアが始まる時期や終わる時期のあることや、エネルギーを傾けるキャリアがその時々で変化することがあることに気づいたと思います。このようなキャリアにおける転機や節目を「トランジション」と呼びます。

　このようなトランジションを乗り越える過程として、ナンシー・K・シュロスバーグ（Nancy K. Shlossberg）は、次の3つのステップを提案しています。[9]

　第1のステップは、起こった変化を見定めることです。まず、自分で決断して生じた「予期していた転機」なのか、自分でコントロールできずに生じた「予期していなかった転機」なのか、さらに自分の期待が実らなかった「起こらなかった転機」なのかを見分けます。そして、その転機で生じた生活や自身の考え方の変化は、どの程度なのかを検討します。

　第2のステップでは、変化への対処に使える以下の4つの資源（4S）を確認します。それらの資源の充実度を点検し、充実していない資源は強化できないかを考えます。

（1）状況（Situation）：役割の変化やそれによるストレスの程度はどのようなものか。
（2）自己（Self）：自分はどのように感じ、どのように考えるのか。
（3）支援（Support）：周囲からどのような支援が得られそうか。
（4）戦略（Strategy）：状況や自分自身の考え方を変えたり、ストレス対処ができそうか。

　第3のステップでは、資源を強化した上で最適な戦略を選びとり、変化を受け入れます。
　みなさんの大学進学というトランジションを考えてみましょう。まず第1のステップでは、進学が希望どおりであれば「予期していた転機」、希望とは異なれば「予期していなかった転機」と考えられるでしょう。そしてこの転機によって、生活や自分自身の変化はどの程度起こったのかを見定めます。

　次に第2のステップでは、そこで生じた変化を乗り越えるために（1）大学生活での学修計画や友人関係はどのようなもので、それによるストレスがどの程度なのかを考えてみましょう。（2）あなたはそれをどう感じているのかをふり返ってみましょう。戸惑いを覚えているでしょうか、むしろ新鮮で面白いと感じているでしょうか。（3）新たな生活をするあなたに対して、あなたのことをよく知っている家族や友人、また新たに出会った教員や友人はどのような支援をしてくれそうでしょうか。（4）新しい生活に適応するための何らかの努力や工夫ができるでしょうか。例えば、新しい生活に慣れるように考え方を変えてみること、先輩に助言をもらうこと、リラックス方法を取り入れることなどができそうですか。

　そして第3のステップでは、これらの吟味をした上で、最も活用できそうな方法を試し

てみましょう。それによって大学入学というトランジションを乗り越え，新しい生活と自分自身を受け入れることが期待されます。

偶然をチャンスに変える

さて次は，トランジションを乗り越える時に役に立つスキルや力を紹介します。前項で見たように，キャリアは計画したとおりに進むだけではなく，予定していない偶然の出会いや出来事も多く起こります。ここで，偶然の出来事をチャンスととらえることができると，キャリアは大きく成長・成熟できるのだとジョン・D・クランボルツ（John D. Krumboltz）は唱えました。[10] 後から振り返ればまるで計画されたような偶然と言えることからこれを「計画された偶発性」と呼び，偶然をキャリアに活かすためには，次の5つのスキルが必要だと述べました。

（1）好奇心：新しい学びの機会を探索し続ける。
（2）持続性：失敗しても持続し続ける。
（3）柔軟性：状況を見て態度を変化させる。
（4）楽観性：新しい出来事に対して楽観的にとらえる。
（5）リスクテイキング：リスクを恐れず一歩前に踏み出す。

大学生活では，これまで会うことがなかったタイプの友人や先輩，教員と出会うことがあるかもしれません。またこれまで経験しなかった活動の機会も多くなるでしょう。そこで「慣れていないから」などと尻込みするのではなく，「ものは試し」とおもしろがってみること，失敗しても「なんとかなる」と思ってみること，いったんチャレンジしたらしばらく粘り強く取り組んでみることを試してはいかがでしょう。あなたのそのような取り組みが「私」ならではのキャリアの展開に結びつき，ふり返ってみれば「あの偶然はまるで計画されていたかのような必然であった」と思える経験になるでしょう。

しなやかなキャリアレジリエンス

キャリア上のトランジションや偶然へのチャレンジは，危機や困難を乗り越えることとも言い換えられます。そのような状況を乗り越えるために重要な心の要素として，「レジリエンス（精神的回復力）」が注目されています。レジリエンスは，もともと物理学の用語で，外からの圧力によって変形したものが元に戻ろうとする力を表します。キャリアにおけるレジリエンスとは，キャリア上の困難に押しつぶされることなく，それをしなやかに跳ね返して精神的に回復することを示します。

キャリアレジリエンスの構成要素は研究によっていくつか提案されていますが，ここでは児玉真樹子による研究を紹介します。[11]

（1）問題対応力：変化や困難に対応して前向きに取り組む力。
（2）ソーシャルスキル：対人関係を円滑にする力。
（3）新奇・多様性：新しいことや多様なことに興味や関心を持つ力。
（4）未来志向：将来に希望を持つ力。
（5）援助志向：他者に思いやりを持つ力。

　困難や新しいことに関心を持って，希望を持ち，前向きに取り組む力は，「計画された偶発性」のスキルと共通するものと言えます。加えて，人間関係上の力であるソーシャルスキルや援助志向にも注目しましょう。ひとりでチャレンジするというだけではなく，周りの人たちと助け合うというあり方は，あなた自身を助けることにもつながると言えます（本書序章，第1章参照）。

✎ **ワーク3　シンデレラの「その後」のライフキャリアを考えてみよう。**

　現代に普及している「シンデレラ」の典型的なストーリーは，継母や義姉に虐げられているシンデレラが魔法によってドレス・靴・馬車を与えられて王子に見初められ，やがて結婚というハッピーエンドを迎えるものです。これは言わば，魔法や王子という自分以外の力で幸せになったという受動的で他力的なキャリアが描かれたものです。

ステップ1

　しかし実は，シンデレラはそれまでの継母や義姉との生活においていくつかの経験をし，それが彼女の力になっていました。そのような力には何があると考えられるでしょうか。人間関係力，ストレスへの対処，家事スキルなどの観点から考えてみましょう。

ステップ2

　次に，シンデレラが結婚した後の架空のキャリアを考えてみましょう。

　幸せな結婚生活を始めたシンデレラでしたが，数年後，王子が他国との戦いのなかで負傷し，残念なことに命を落としてしまいました。これは「予期していなかった転機」であり，「王女キャリアや配偶者キャリアの危機」とも言えます。このトランジションに際して，シンデレラはショックを受け傷つくでしょう。その後のシンデレラは，どのようにすればこの

危機を乗り越えられそうでしょうか。シンデレラ自身が持つ力やスキルを活用すること，周囲からサポートを受けとること，考え方や行動を変化させることなどの観点から考えてみましょう。

ステップ3

　トラジションを乗り越えた後，シンデレラのライフキャリアはどのようなものになるでしょうか。自由にイメージしてみましょう。

　上記の回答にはかなりの個人差が出てくると思います。そこにはあなた自身のライフキャリアのイメージ，ジェンダー意識が反映しているかもしれません（本書第2章参照）。まずは自分自身のイメージの特徴を理解した上で，他の人のイメージも聞いてみましょう。

3　「私」らしいライフキャリアの実現に向かって

新しい時代のキャリア

　人生100年時代の現代社会では，生き方の多様性を認め受け入れる価値観が広がってきています（本書第2章参照）。また人々が生み出し消費する物事や情報は，より高度に複雑になっています。そのような中で個人のキャリアも，固定的で安定的なものから，より流動的で多様なものになっていきます。そのような新しいキャリア概念の一つとして，ダグ

ラス・T・ホール（Douglas T. Hall）による「プロティアン・キャリア」を紹介しましょ
う。[12] プロティアンとはギリシャ神話に登場する，自由に姿を変えられる神プロテウスを表
しています。移り変わる環境に対して，変幻自在に自身を適応させていくというキャリア
のあり方を提唱しています。ただしこれは周りに合わせて「私」を失くすということでは
ありません。むしろ「私」の価値観や志を大切にして，柔軟に適応していくものです。し
たがって，「私」自身を理解することが大切になります（本書第1章参照）。

　また現代では，仕事は職場に出勤するだけでなくリモートワークでも可能になり，他者
とのコミュニケーションは直接会うだけでなくオンラインを活用するようになっています。
すなわち，仕事，家庭生活，学びは決められた場所や時間で行うだけではなく，同時並行
的にマルチに行うことができるようになりました。そのような時，人はどのように複数の
キャリアの関連を体験するのでしょうか。

　マイケル・R・フローン（Michael R. Frone）は，仕事と家庭の両立生活において，仕事
で生き生きすると家庭生活も楽しむことができ，家庭でリラックスすると仕事に前向きに
取り組むことができるというポジティブな作用である「ワーク・ファミリー・ファシリ
テーション」を示しました。[13] またピーター・F・ドラッカー（Peter F. Drucker）は本業以
外の第2，第3のキャリアを「パラレルキャリア」と呼び，パラレルキャリアによる新鮮
な経験は，その人の能力を発展させることを提唱しました。[14]

　このように複数のキャリアを経験し，そこで相互作用が起こることによって，ますます
「私」らしいキャリアが作られていくと考えられます。

これからのキャリアを支える「私」と「私たち」のウェルビーイング

　本章では人生をライフキャリアという視点から見てきました。その中心にあるのは，本
書第1章，第2章でも考えてきた「私」自身です。ここまでの中で，少しずつでもあなた
にとって大切な「軸」は何かが見えてきたでしょうか。ただし自分について考え続けるこ
とは大変な作業でもあります。特に大学生のみなさんは「アイデンティティの危機」に直
面し，子ども時代に受け身的に形成してきた価値や意識を問い直し，自分らしさを獲得す
るために悩んだり迷ったりする時期にいます。この時期を通り抜けるには数年かかります。
したがって，自分の軸の輪郭が確認できれば十分であり，時間をかけて悩み考えること，
それを可能にする時間やエネルギーのゆとりを持つことが大切です。

　ではこの時期をどう過ごせば良いでしょうか。2つのヒントをお伝えします。一つ目は，
わたし自身による「セルフケアの機能」への注目です。例えば，落ち着いて深い呼吸をす
ること，美味しいものを食べること，自然の中を散歩すること，趣味を楽しむことなどに
よって，ありのままの「私」の心と身体の健康，ウェルビーイングをもたらします（本書
序章，第1章参照）。

　二つ目は，周りの人々による「サポート・ネットワークの機能」への注目です。わたし

たちの周りには家族・友人・教員・職場のメンバーなど様々なサポーターがいて，わたしたちはそのサポーターに守られていると言えます。近年の研究では，クリエイティブな仕事は，失敗や挑戦が寛大に許容される「心理的安全性」によって達成されることも分かっています[15]。ひとりでライフキャリア上の課題に取り組まなければならないというプレッシャーを感じた時には，サポーターが守ってくれること，失敗やチャレンジを含めて許容してくれることに目を向けて，ためらわず援助を求めることも大切です。

　また生涯にわたる学びの環境もあなたの助けになるでしょう。学ぶこと，成長することは，青年期だけで完結するものではありません。長い生涯の中で折々に学ぶという視点を持つと，何歳になっても成長できる感覚が持てるでしょう（本書第2章，第5章参照）。

✏ ワーク4　「私」らしいライフキャリアを実現しよう。

ステップ1

　第1章，第2章，本章で見えてきた「私」らしさを言語化してみましょう。これは「私」らしいライフキャリアの軸ともなります。例えば，性格や行動面の長所，ゆずれない価値観，大切にしたい事物について，図の中心の円①に記入してください。

ステップ2

　あなたのセルフケア機能を探してみましょう。好きなリラックス方法や趣味，ほっと落ち着ける時間などを，図の中間の円②に記入してください。

ステップ3

　あなたを助け，成長させてくれる周囲の人々を思い浮かべて，図の外側の円③に記入し，あなたのサポート・ネットワークを作成しましょう。

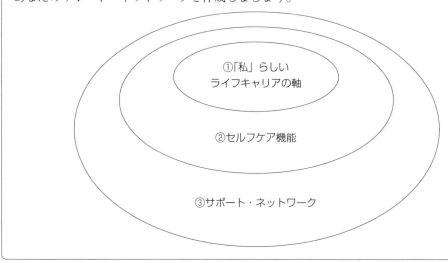

　あなたのライフキャリアにとって大切なもの，それを実現するために助けになるものが見えてきましたか。「私」が自分らしく生きつつ，「私たち」が互いに助け合い尊重し合う

というトータルライフデザイン（本書序章参照）にも通じるイメージ図になったと思います。ここで作成された図が，あなた自身の「私」らしいライフキャリアの実現につながると期待されます。

注

（1）　独立行政法人労働政策研究・研修機構「早わかり　グラフでみる長期労働統計」2023年（2024年1月23日取得，https://www.jil.go.jp/kokunai/statistics/timeseries/index.html）。

（2）　総務省統計局「労働力調査（詳細集計）2022年（令和4年）平均結果」2023年（2024年1月23日取得，https://www.stat.go.jp/data/roudou/sokuhou/nen/dt/index.html）。

（3）　総務省統計局「令和2年国勢調査　人口等基本集計結果」2021年（2024年1月23日取得，https://www.stat.go.jp/data/kokusei/2020/kekka/pdf/outline_01.pdf）。

（4）　厚生労働省「令和2年版厚生労働白書——令和時代の社会保障と働き方を考える」2021年（2024年1月23日取得，https://www.mhlw.go.jp/stf/wp/hakusyo/kousei/19/index.html）。

（5）　厚生労働省「令和4年（2022）人口動態統計月報年計（概数）の概況」2023年（2024年1月23日取得，https://www.mhlw.go.jp/toukei/saikin/hw/jinkou/geppo/nengai22/dl/gaikyouR4.pdf）。

（6）　厚生労働省子ども家庭局家庭福祉課「社会的養育の推進に向けて」2022年（2024年1月23日取得，https://www.mhlw.go.jp/content/000833294.pdf）。

（7）　国立社会保障・人口問題研究所「出生動向基本調査（結婚と出産に関する全国調査）」2022年（2024年1月23日取得，https://www.ipss.go.jp/site-ad/index_Japanese/shussho-index.html）。

（8）　Super, Donald E., 1990, "A Life-Span, Life-Space Approach to Career Development," Duane Brown, Linda Brooks and associates eds., *Career Choice and Development: Applying Contemporary Theories to Practice*, San Francisco: Jossey-Bass Inc., Publishers and Oxford: Jossey-Bass Limited, 197-261.

（9）　Schlosberg, Nancy K., 1989, *Overwhelmed: Coping with Life's Ups and Downs*. Pennsylvania: Lexington Books.（ナンシー・K・シュロスバーグ著／武田圭太・立野了嗣監訳『「選職社会」転機を活かせ——自己分析手法と転機成功事例33』日本マンパワー出版，2000年）

（10）　Mitchell, Kathleen E., Levin, Al S., and Krumboltz, John D., 1999, "Planned Happenstance: Constructing Unexpected Career Opportunities," *Journal of Counseling and Development*, 77: 115-124.

（11）　児玉真樹子「キャリアレジリエンスの構成概念の検討と測定尺度の開発」，『心理学研究』86巻，2015年，150-159頁。

（12）　Hall, Douglas T., 1996, "Protean Careers of the 21the Century," *Academy of Management Executive*, 10: 8-16.

（13）　Frone, Michael R. 2002, "Work-Family Balance," James Campbell Quick and Lois E. Tetrick eds., *Handbook of Occupational Health Psychology*, Washington, D. C.: American Psychology Association, 143-162.

（14）　Drucker, Peter F., 1999, *Management Challenges for the 21st Century*, New York: Harper Business.（ピーター・F・ドラッカー著／上田惇生訳『明日を支配するもの——21世紀のマネジメント革命』ダイヤモンド社，1999年）

（15）　Edmondson, Amy, 1999, "*Psychological Safety and Learning Behavior in Work Teams*," *Administrative Science Quarterly*, 44: 350-383.

（加藤容子）

第4章
ワークキャリアを描いてみよう

本章のねらい

・雇用者の実情について，政府の主要統計から男女の違いを比較しましょう。

・誰もが「働く」ことで，経済的・精神的自立が可能な社会の実現について考えましょう。

・本書第3章で描いたライフキャリアを実現するために，「私」らしいワークキャリアをイメージしましょう。

キーワード

　ワークキャリア　職業生涯　雇用者の実情　経済的自立　男女共同参画社会

1 雇用者の実情

どれくらいの人が働いているのか

　本書第3章で考えたライフキャリアのなかで，あなたは「働く」未来をどの程度イメージできたでしょうか。本章では，そのイメージをより具体化できるように，はじめに，政府の主要統計から日本で働く雇用者の実情についてみていきましょう。

　日本では15歳以上の人口のうち，おおよそ何割の人が働いているでしょうか。女性，男性とで想像してみましょう。総務省「労働力調査2022年平均」によれば，女性の15歳以上人口5,705万人のうち，就業者（仕事に就いていた人や休業者）と完全失業者（求職活動をしていた失業者）を合わせた「労働力人口」は3,108万人，男性は15歳以上人口5,312万人のうち労働力人口は3,803万人でした。一方で，家事や通学，病気・高齢などのためにまったく仕事に就いていない人は，「非労働力人口」といい，2022年平均で，女性は2,597万人，男性は1,508万人でした。[(1)]

　この結果から，15歳以上人口のうち女性54.5％，男性71.6％は，就業者もしくは完全失業者だということが分かります。この比率を，労働力率といいます。最初の質問で，あなたが想像した数値と近かったでしょうか。少し違ったかもしれません。

　さて，あなたは何歳まで働こうと考えていますか。「会社の定年まで」「体力が続く限り」「想像したこともなかった」など，それぞれだと思います。先ほどの労働力率の算出では15歳以上人口を分母としていたため，年金支給開始年齢以降の高齢者も含まれていま

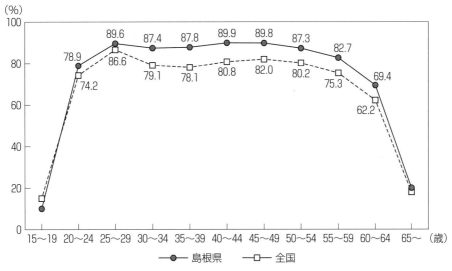

図4.1　女性の年齢階級別の労働力率

（注）総数から労働力状態「不詳」を除く。
（出所）総務省「令和 2 年国勢調査」をもとに筆者作成（2024年 1 月23日取得，https://www.e-stat.
　　　go.jp/stat-search/database?page= 1 &toukei=00200521&tstat=000001136464）。

した。そこで，生産年齢とされる15〜64歳に限定して，再計算してみましょう。生産年齢
人口の労働力率は女性74.7％，男性87.0％です。あなたのイメージと近くなったのではな
いでしょうか。

女性の年齢階級別労働力率は M 字型？

　次に，労働力率を年齢階級別にみてみましょう。総務省「令和 2 年国勢調査」によれば，
男性の年齢階級別の労働力率は，25〜59歳まで 9 割を超えており，台形型となっています。
一方，女性は30歳代のいわゆる「子育て期」に労働市場からいったん退出し，就業率が下
がっています。アルファベットの M に似ていることから M 字型カーブを描いていると言
われています[2]。

　ところが，都道府県別にみると異なった様相が発見できます。例えば，図4.1に示すよ
うに，女性の生産年齢人口の労働力率が最も高い島根県（78.6％）では，30歳代女性の労
働力率の落ち込みが少なく，ほぼ台形型になっていることが分かります[2]。つまり，30〜40
歳代において，女性が労働市場から退出しない傾向の地域もあるのです。あなたが気にな
る都道府県のデータを調べて，全国平均と比較してみましょう。

働き方の種類について

　次に，政府統計では仕事に就いている人をどのように分類しているのか確認します。あ
なたがイメージしやすいのは，雇われて働いている「雇用者」や，自営で働く「自営業

主」だと思います。他にも，自営業主の家族でその事業に原則無給で従事している「家族従業者」や，「家庭内職者」に分類されています。

　「令和2年国勢調査」によれば，就業者に占める割合は，男女ともに雇用者（役員を除く）が多く，就業者に占める女性雇用者の割合は87.4％，男性80.2％でした（役員の割合は，女性3.1％，男性7.9％）。就業者に占める自営業主の割合は，女性4.5％，男性9.2％でした。また，家族従業者は女性3.0％，男性0.6％でした。⁽²⁾このように，2020年時点で，雇用者が就業者の大多数を占めています。そこで，ここから先は雇用者に限定して話をすすめていきましょう。

　みなさんのなかには，大学生になって早速アルバイトを始めた人もいることでしょう。あなたのアルバイト先には，社員やパートと呼ばれている人もいれば，派遣会社から派遣されている人など，複数の雇用形態や呼称（呼び方）の人がいるのではないでしょうか。

　「労働調査」では，こうした様々な雇用形態を，会社，団体等の役員を除く雇用者について，勤め先での呼称により，「正規の職員・従業員」「パート」「アルバイト」「労働者派遣事業所の派遣社員」「契約社員」「嘱託」「その他」の7つに区分しています。また，「正規の職員・従業員」以外の6区分をまとめて，「非正規の職員・従業員」としています。

非正規雇用が過半数を占めている女性雇用者

　では，雇用者の雇用形態は，正規雇用と非正規雇用とでどれくらいの割合でしょうか。こちらも想像してみましょう。「令和2年国勢調査」によれば，女性雇用者（役員を除く）のうち，正規雇用の割合は48.2％，非正規雇用の割合は51.8％でした。女性雇用者の過半数が非正規雇用だということが分かります。男性では，雇用者に占める非正規雇用の割合は18.2％でした。⁽²⁾

　パートやアルバイトと聞くと，労働時間を自由に設定できるなど，働く側に都合の良い働き方だと思うかもしれません。ところが，有期雇用の場合，次の契約が更新されるかどうかは雇い主側の都合で決まり，雇用されている側は今の職場でいつまで働けるのか見通せず，不安定な働き方です。また，景気が悪くなれば，非正規雇用者は真っ先に雇い止めや解雇の対象とされます。

　例えば，総務省「労働力調査（時系列データ）」によれば，新型コロナウイルス感染症対策により緊急事態宣言が出された前後で雇用者数のデータを比較すると，2020年3月から4月にかけて女性は68万人，男性は24万人の雇用者が減少しました。そのうち，雇用形態別では，正規雇用は女性3万人，男性11万人増加していますが，非正規雇用では女性が71万人，男性35万人が減少していました。⁽³⁾

　また，非正規雇用は，正社員と比べると時給換算した給料が低いのが実情です。「仕事内容などが異なるのだから時給が低くても当たり前」と思った人もいるでしょう。ところが，厚生労働省「令和3年パートタイム・有期雇用労働者総合実態調査」によれば，「正

社員と職務が同じパートタイム・有期雇用者がいる」と回答した企業のうち，1時間あたりの基本賃金を比較して，正社員よりも高い企業は7.4％，正社員と同じだった企業は46.9％に留まっていました。⁽⁴⁾

女性正規雇用者を待ち受ける「ガラスの天井」

　では，正社員として働いていれば，思いどおりの職業キャリアを経験しているのでしょうか。女性の正規雇用比率を年齢階級別にみると，20歳代後半をピークに，その後は右肩下がりに比率が低下します。その形がLを寝かせたように見えることから，L字カーブと呼んでいます。⁽⁵⁾こうした現状からは，女性が正社員であっても就業継続していくことが難しいことが分かります。また，仮に就業継続が可能だとしても，経験を積んだ女性正社員が管理職に就くなど，職場で責任のある役割を果たすことが当たり前になっていない，という課題があります。

　例えば，民間企業における女性の管理職割合を確認しましょう。管理職とは課長以上の役職者のことをいいます。厚生労働省「令和3年度雇用均等基本調査」によれば，企業規模30人以上の企業では，課長相当職に占める女性の割合は9.5％，部長相当職に占める女性の割合は6.1％です。参考までに，係長相当職に占める女性の割合は18.3％でした。職階が上がるほど女性比率が低いと言えます。また，企業規模は大きくなるほど女性管理職割合は低い傾向にあります。⁽⁶⁾

　そもそも，正規雇用者に占める女性割合は，「令和2年国勢調査」によれば，34.9％でした。⁽²⁾正規雇用者に占める女性割合が男性に比べて小さいとはいえ，管理職に占める女性割合はさらに小さいことが分かります。なぜ女性正社員は昇進しない，もしくは，昇進しにくいのでしょうか。山口一男は，勤続年数が同じ高卒男性と大卒女性を比較しても，大卒女性の管理職割合がはるかに低く，学歴よりも性別が重視されている現状を明らかにしました。⁽⁷⁾また，高村静香は，勤続5〜15年の社員データを利用し，入社時と現在との昇進意欲の変化を確認しています。その結果，男性社員はロールモデルの存在などから自然に昇進意欲を上昇させているのに対して，女性社員は昇進意欲が低下していました。⁽⁸⁾女性雇用者自身に昇進意欲がない訳ではありませんが，仕事をしていくなかで，男性グループより昇進が明らかに遅い，昇進がかなわないなど，女性たちの頭上に見えない「ガラスの天井」が存在し，結果，昇進意欲が低下してしまうのです。

世界からみた日本の労働市場の男女間格差

　こうした実態は，他国と比較するとどのような評価になるのでしょうか。世界経済フォーラムは，経済，教育，保健，政治の4分野のデータから各国内の男女間格差を数値化し，ランク付けしたものを発表しています。これをジェンダーギャップ指数（GGI:Gender Gap Index）と言い，2023年報告では，日本の総合順位は146か国中125位でした。⁽⁹⁾4分野

で特に順位が低いのは，経済（123位）と政治（138位）です。経済では，管理的職業従事者の男女比のスコアが0.148（133位）（総合順位1位のアイスランドは0.602）と，経済分野4項目のうち最も低い結果でした。他国と比べてもリーダーシップの発揮が期待される職位などでの女性割合が低いことが分かります。働く場での男女間格差を是正し，女性たちの経済的自立が実現できる社会の実現が期待されます。

🖉 **ワーク1　あなたが気になる企業・団体や職業（起業も含む）について調べてみよう。**

ステップ1

なぜ興味をもったのか，どんなところに魅力を感じたのか書き出そう。

①きっかけ

②魅力を感じているところ

ステップ2

その企業・団体に，入社する・仕事をするには資格がいるのか，大学在学中にすべきことを調べよう。

①必要な資格

②大学在学中にすべきこと

ステップ3

その企業・団体の概要や，仕事内容などを調べよう。

①企業・団体のウェブサイトなどから会社概要を知ろう（従業員数，女性の割合，育児休業取得率など）

---

②より具体的な業務内容を知ろう

---

② 雇用者の職業生涯と賃金

ライフステージによる女性の就業パターンの変化

　さて，本節では第3章で考えたライフキャリアについて，再考していきましょう。あなたは，就職（起業）や結婚，妊娠・出産，子育て，老後といった人生の出来事や転機などを考えたかと思います。こうした人生における大きな出来事などは，就業に影響をもたらしているのでしょうか。

　本章第1節で示した年齢階級別の労働力率からも分かるように，女性の就業継続を阻害するものとして，出産や子育てといったライフイベントがあげられます。国立社会保障・人口問題研究所では，第一子出産前後で女性の就業がどのように変化しているのか，調査しています。図4.2に示すように，第一子出産後も就業継続している女性の割合は，1992年の育児休業法施行以降も，1995～1999年では24.3%，2000～2004年では27.5%，2005～2009年では31.3%と微増でした。第15回調査（2010～2014年）以降徐々に割合が上昇し，最新の第16回調査（2015～19年）では，53.8%と過半数を占めました。[10]

就業パターンによる生涯賃金の違い

　では，ライフイベントによって就業を中断したり，再就職をしたりなど，職業との関わり方によって，どの程度生涯賃金に差が出るのでしょうか。本書第3章でみてきたように，人生の選択肢は様々であり，幸せや価値観など人それぞれです。仕事を続けていく場合，正社員のまま継続するか，いったん退職して再就職するか，それとも，家事・育児，介護のために労働市場から生涯退場するか悩むことがあれば，参考にして欲しい試算があります。これは，女性のワークキャリアだけでなく，男性自身のワークキャリアの選択にも参考になりますので，知っておいて欲しいデータです。

　2006年4月23日付の朝日新聞（朝刊）に，「選択のとき：育児で女性が仕事中断。生涯賃金はいくら減る？」という記事が掲載されました（図4.3）。女性雇用者の生涯賃金を，厚生労働省「賃金構造基本調査」や日本経済団体連合会「退職金・年金に関する実態調査結果」などを基に，平均的な働き方で試算した，とされています。およそ20年前のデータでは，大学を卒業した女性が正社員で就職し22～60歳まで働き続けると，2億7,700万円の賃金が得られると試算されました。1年間の育児休業を2回利用しても，生涯賃金は2

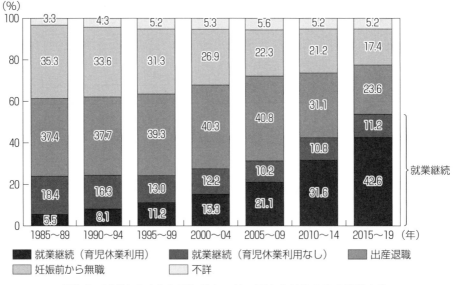

図4.2　子どもの出生年別にみた，第一子出産前後の妻の就業変化

（出所）国立社会保障・人口問題研究所「第16回出生動向基本調査」（2022年）をもとに筆者作成（2024年
1月23日取得，https://www.ipss.go.jp/ps-doukou/j/doukou16/doukou16_gaiyo.asp）。

億5,700万円です。一方で，結婚や出産を機に退職し，子育てが一段落した後に30歳代に
非正規雇用で再就職するライフコースを想定すると，いずれも5,000万円台の生涯賃金と
なる試算結果でした。再就職の際に，正規社員で復職したケースと比べると，その差は1
億円以上となっています。[11]

パートナーの扶養の範囲内で働くということ

　この試算では，38歳で復職後60歳までの就業年数が同じであるにも関わらず，正規雇用
と非正規雇用とで，1億円以上の差があります。なぜでしょうか。本章第1節でふれたよ
うに，正規雇用よりも非正規雇用の時給が低いという実情もあります。さらに，33歳で非
正規雇用で復職したケースと38歳で非正規雇用で復職したケースとで生涯賃金の差が600
万円であることから，年間の給与が120万円前後で，短時間勤務を想定していたと考えら
れます。

　配偶者（夫）が会社員である場合，妻の給与が一定程度低い場合は税・社会保険制度が
優遇される仕組みがあります。例えば，自分の給与収入に税金がかからない，夫が所得税
の控除（配偶者控除など）を受けられるなどです。

　一見，妻の給与収入に所得税がかからない，社会保険の被保険者ではないので保険料を
支払わないなどで妻の給与が減らないことや，世帯単位の手取り金額が増えるなど，得を
したように思えるかもしれません。ところが，人生は，いつ，何が起こるか予想がつかな
いものです。夫の勤務先が安泰だとも限りません。場合によっては，夫自身が転職や起業

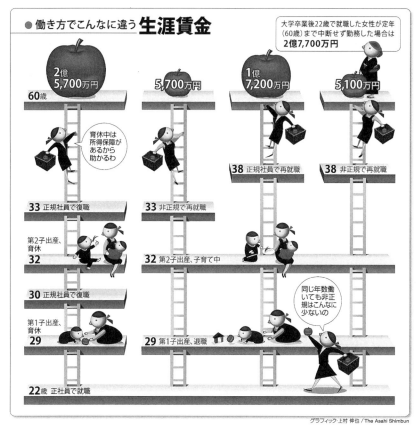

図4.3　ライフコースによる女性の生涯賃金の比較
（出所）「働き方でこんなに違う生涯賃金」『朝日新聞』朝刊，2006年4月23日付，9面。

などを希望して無職になるかもしれません。主たる稼ぎ手が，何らかの事情で働けなくなると，家計は大変厳しい状況に追い込まれる可能性があります。

　夫婦であっても，独身であっても，それぞれ個人が経済的にある程度自立できていれば，人生のリスクを軽減することになります。また，リスク軽減といった消極的な理由だけでなく，積極的な理由として，あなた自身に経済的な基盤があれば，人生の選択肢が増えることにもなるでしょう。

賃金以外にも生じる格差

　さて，先ほどの就業パターンの違いによって差がでるのは，生涯賃金だけではありません。例えば，社会保険などの加入率をみてみましょう[12]。この調査は，雇用者本人が現在の会社で自分に適用されているかどうかを回答しているものです。正社員と比べて正社員以外の雇用形態では，各種制度などが適用されている割合が低くなっています。特に，社会保険である「雇用保険」「健康保険」「厚生年金」への適用は，パートタイム，臨時労働者において他の非正規雇用と比べても格段に低く，リスク対応が脆弱だと言えます（表4.1）。

表4.1　現在の会社における各種制度等の適用状況別労働者割合（男女別）

複数回答（単位：％）

| | | | | 現在の会社における各種制度等の適用状況 | | | | |
				雇用保険	健康保険	厚生年金	退職金制度	賞与支給制度
男	正　社　員		100.0	92.8	97.2	97.0	80.6	88.5
	正社員以外	出向社員	100.0	89.4	92.5	91.4	77.0	85.1
		契約社員（専門職）	100.0	80.5	87.3	82.4	19.1	42.2
		嘱託社員（再雇用者）	100.0	84.3	92.1	88.0	19.6	60.0
		パートタイム労働者	100.0	54.3	55.9	40.2	11.8	25.8
		臨時労働者	100.0	48.8	43.9	41.5	17.5	26.2
		派遣労働者	100.0	85.8	88.3	85.0	26.6	38.0
		その他	100.0	81.2	86.0	80.7	25.4	54.7
女	正　社　員		100.0	92.6	97.2	94.4	72.0	83.5
	正社員以外	出向社員	100.0	85.2	94.7	93.4	67.8	86.6
		契約社員（専門職）	100.0	89.1	92.2	90.6	21.0	47.7
		嘱託社員（再雇用者）	100.0	82.3	85.8	82.6	19.2	57.9
		パートタイム労働者	100.0	67.3	46.2	44.1	6.7	30.6
		臨時労働者	100.0	46.5	31.1	29.8	5.7	17.4
		派遣労働者	100.0	86.9	85.1	83.2	8.6	13.2
		その他	100.0	84.8	81.0	78.4	13.7	43.5

（出所）厚生労働省「令和元年就業形態の多様化に関する総合実態調査（個人調査）」（2021年）をもとに筆者作成（2024年1月23日取得，https://www.mhlw.go.jp/toukei/itiran/roudou/koyou/keitai/19/index.html）。

　2023年7月現在，雇用保険の加入条件は，（1）勤務開始時から最低31日間以上働く見込みがあること，（2）1週間あたり20時間以上働いていること，（3）学生ではないことです（政府は，雇用保険の加入条件をより短時間の非正規雇用者にも拡大しようと検討しています）。雇用保険の被保険者で受給資格があれば，勤め先が倒産して失業しても，自己都合で離職しても，求職活動中の一定期間は求職者給付を受け取ることが出来ます。また，育児休業の場合は育児休業給付金を受け取れますが，雇用保険に未加入の場合は，そもそもこうした補償はありません。

　仕事から引退した後にも違いが生じます。「老後の生活に必要なもの」で思いつくものの一つは，「年金」ではないでしょうか。厚生年金の給付額は，現役時代の収入が高く，掛け金が多いほど，年金額が高くなる仕組みです。厚生年金に加入していない場合には，老後に受け取る公的年金は老齢基礎年金だけです。つまり，現役時代の収入の違いは，引退後の年金額の違いにもつながっているのです。

✒ ワーク2　あなたが気になる職業を選び，月給を試算しよう。

ステップ1

　あなたが気になる職種を政府統計から2～3種類，選んでみよう。利用するのは，厚生労働省「賃金構造基本調査」です。毎年発行されていますので，最新のデータを利用しましょう。

> 統計名「賃金構造基本統計調査」を検索＞「e-Stat 政府統計の総合窓口」賃金構造基本調査｜ファイル｜統計データを探す＞令和○年賃金構造基本統計調査＞一般労働者＞職種＞「第1表　職種（小分類）別きまって支給する現金給与額，所定内給与額及び年間賞与その他特別給与額（産業計）」

　ファイルをあけると，令和3年版では男女別に144職種（不詳含めず）が掲載されています。「看護師」「介護支援専門員」「幼稚園教員，保育教諭」「小・中学校教員」「美術家，写真家，映像撮影者」「企画事務員」「総合事務員」「営業・販売事務従事者」「自動車営業職業従事者」「航空機客室乗務員」など，様々な職種のデータがあります。

　このデータは，一般労働者のデータになりますので，就業形態が「短時間労働者」以外の者で，雇用形態は正社員・正職員だけでなく，正社員・正職員以外も含まれています。

気になる職種①	気になる職種②	気になる職種③
職　種　名 （　　　　　　　　　）	職　種　名 （　　　　　　　　　）	職　種　名 （　　　　　　　　　）
気になっている理由	気になっている理由	気になっている理由

ステップ2

　あなたが興味のある職種の給与（企業規模計）をみてみよう。データは「男女計」「男」「女」の順に掲載されています。どちらかの性別を選び，平均の「月給」を調べよう。

　月給は，「きまって支給する現金給与額」をみます。単位は1,000円です。例えば，「男性・営業・販売事務従事者」（企業規模計）で，376.3と記載がありました。これは，37万6,300円という意味です。経験年数や学歴，企業規模などはすべて合計した平均です。

月給　…　きまって支給する現金給与額					
職種①	（　女性　・　男性　） 円	職種②	（　女性　・　男性　） 円	職種③	（　女性　・　男性　） 円

ステップ3

　グループで情報交換しよう。席が近い受講生複数と，お互いのワークの結果を話し合いましょう。

③　女性も男性もあらゆる領域で活躍できる社会をめざして

男女共同参画社会とは

　あなたは,「男女共同参画社会」という言葉を聞いたことがありますか。1999年6月に男女共同参画社会基本法が公布・施行されました。「男女が, 社会の対等な構成員として, 自らの意思によって社会のあらゆる分野における活動に参画する機会が確保され, もって男女が均等に政治的, 経済的, 社会的及び文化的利益を享受することができ, かつ, 共に責任を担うべき社会」(男女共同参画社会基本法第2条)と定義されています。

　女性も男性も, 意欲に応じて, あらゆる分野で活躍できる社会の実現を目指しています。けれども, 本書第4章では, 雇用形態に関わらず職場における女性のキャリア形成の難しさを取り上げました。また, 本書第3章のライフキャリアと連動させてみると, ライフステージの変化により, 家事・育児, 介護などの家庭内での無償労働の負担が, 男性に比べると女性に重くかかり, このことも女性の就業継続を難しくしています。

　こうした現状を打開するためには, これまでの長時間労働をいとわない男性の働き方を当たり前だとする職場環境を再考する必要があるでしょう。こうした慣習は, 母親などの女性たちを職場から遠ざけただけでなく, 男性雇用者の, 生活者としての能力の発揮を阻害し, 職場以外の領域(家庭や地域など)で活躍することから遠ざけてきたのです。

男性の育児休業取得

　男性を職場以外の領域から遠ざけている一つの例として, 男性の育児休業の取得について考えてみましょう。あなたは, パートナーに育児休業を取得して欲しいと思いますか。あなたの(未来の)パートナーの希望はどうでしょうか。

　厚生労働省委託事業の報告では, 女性は, 正社員の75.8%, 非正社員では60.6%が育児休業制度を利用していました。一方で, 育児休業の対象であった男性正社員のうち, 育児休業制度の利用を希望していた割合は51.7%と過半数を超えていましたが, 実際に育児休業制度を利用したのは21.8%でした[13]。

　また, この調査では, 育児休業の利用の希望の有無に関わらず, 男性正社員が利用しなかった理由では, 「収入を減らしたくなかったから」41.4%, 「職場が育児休業制度を取得しづらい雰囲気だったから, または会社や上司, 職場の育児休業取得への理解がなかったから」27.3%, 「自分にしかできない仕事や担当している仕事があったから」21.7%, 「会社で育児休業制度が整備されていなかったから」21.3%, 「残業が多いなど, 業務が繁忙であったから」20.8%といった理由が上位にあげられました[13]。

　男性が子育てに主体的に参加したいという希望がかなう社会に変容するためにも, 利用しやすい制度設計や, 個々の職場の対応の改善が求められます。

未来の職業生涯をイメージしよう

　「働く」ということは，日々の生活のためにお金を稼ぐ苦役だとイメージする人もいるでしょう。確かに，仕事は楽しいことばかりではありませんが，その苦しさや大変さを上回る喜びや充実感を職業経験から得られるでしょう（本書序章，第3章，第5章参照）。

　あなたの属性（家族構成，学歴，性別，国籍，性的指向など）に関わらず，その能力を社会に活かし，それをもって経済的・精神的自立を可能にする社会の実現が望まれます。こうした社会の実現のためにも，あなた自身がジェンダー規範（本書第2章参照）などにとらわれずに，どのようなワークキャリアを描きたいのか，本書序章の第1節（誰のためのトータルライフデザイン？）でみてきたように，あなたが主体的に決めていくことが大切です。

　大学に入学したばかりのみなさんは，まだ，「働く」ということがピンとこないかもしれません。ぜひ，本書第1章，第2章を思い出してください。「わたしとはどのような人なのか」「学生時代に身に付けたい力はなにか」「どんなことを大学時代にがんばってみたいのか」など，あなたがイメージしてきたことは，卒業後もあなたが岐路に立った時に，進む方向を決める手助けとなるでしょう。

　卒業後の生き方，特に仕事との関わり方については，本章のワークなどを通じて，あなたらしい未来のワークキャリアをイメージしてください。例えば，あなたが「○○の資格を取得したい」「○○会社に入社したい」「○○職に就きたい」などの目標が決まったとしましょう。ぜひ，次のステップとして，その資格を取得してどのように働いてみたいのか，より専門性を高めることに挑戦するのか，会社に入社して経験を積んで独立したいのかなど，人生を展望してみましょう。

　あなたは，仕事とどう関わって生きていきたいのか，最後の「ワーク3」をしながら考えてみてください。例えば，「40歳の時にはこんな働き方をしていたい」といった働く未来像から逆算してみるのもいいでしょう。あなたがどんなワークキャリアを描きたいのか，本章が何らかの気づきの手助けになることを期待しています。

　🖉 **ワーク3　本書第3章，第4章をふりかえり，今のあなたが実現させたいと思う「ワークキャリア年表」を，年代ごとにイメージしよう。**

　表3.1ではライフイベントのこれまでと現在を比較しました。今後はさらに多様に変化することが予想されます。みなさん自身が体験する数年後から数十年後には，社会はどのように変化するでしょうか。仕事，家庭，子育てといったライフイベント，またその組み合わせであるライフコースの変化について，予想してみましょう。

ステップ1

　年代ごとに仕事との関わりについてイメージしよう（起業準備や資格取得のための学び直しなども含みます）。

ステップ2

年代によって，仕事で得る経歴・経験などをイメージしよう。

ステップ3

仕事を通じてどのような職業観をもっていると思うかイメージしよう。

ステップ4

ライフイベントを予想し，改めてワークキャリア年表を見直そう。

年　代	職種など	仕事で得る経歴・経験	あなたにとって仕事とは？	予想されるライフイベント
（例） 20歳代	高等学校教諭	新卒教員の指導係など	達成感・充実感	結婚，引っ越し
40歳代	無職（大学院生）	新しい価値観を得る	自己実現	自宅リフォーム
60歳代	起業準備(子ども食堂)	地域とのつながり	社会貢献	夫の退職
20歳代				
30歳代				
40歳代				
50歳代				
60歳代				
70歳代				
80歳代				

注

（1）　総務省「労働力調査2022年平均」2023年（2024年 1 月23日取得，https://www.stat.go.jp/data/roudou/sokuhou/nen/dt/index.html）。

（2）　総務省「令和 2 年国勢調査」2023年（2024年 1 月23日取得，https://www.stat.go.jp/data/kokusei/2020/kekka.html）。

（3）　総務省「労働力調査（時系列データ）」（2024年 1 月23日取得，https://www.stat.go.jp/data/roudou/longtime/03roudou.html）。

（4）　厚生労働省「令和 3 年パートタイム・有期雇用労働者総合実態調査」2022年（2024年 1 月23日取得，https://www.mhlw.go.jp/toukei/list/170- 1 /2021/index.html）。

（5）　内閣府有識者懇談会「選択する未来2.0中間報告」2020年（2024年 1 月23日取得，https://www5.cao.go.jp/keizai2/keizai-syakai/future2/chuukan.pdf）。

（6）　厚生労働省「令和 3 年度雇用均等基本調査」2022年（2024年 1 月23日取得，https://www.mhlw.go.jp/toukei/list/71-r03.html）。

（7）　山口一男「ホワイトカラー正社員の管理職割合の男女格差の決定要因」，『日本労働研究雑誌』2014年 7 月号（No.648），2014年，17-32頁。

（8）　高村静「男女若手正社員の昇進意欲──持続と変化」，佐藤博樹・武石恵美子編著『ダイバーシティ経営と人材活用──多様な働き方を支援する企業の取り組み』東京大学出版会，2017年，105-134頁。

（9）　世界経済フォーラム『Global Gender Gap Report 2023』2023年，201-202頁，217-218頁を参照（2024年 1 月23日取得，https://www3.weforum.org/docs/WEF_GGGR_2023.pdf）。

（10）　国立社会保障・人口問題研究所「第16回出生動向基本調査」2022年（2024年 1 月23日取得，https://www.ipss.go.jp/ps-doukou/j/doukou16/doukou16_gaiyo.asp）。

（11）　「働き方でこんなに違う生涯賃金」『朝日新聞』（朝刊），2006年 4 月23日付，9 面。

（12）　厚生労働省「令和元年就業形態の多様化に関する総合実態調査（個人調査）」2021年（2024年 1 月23日取得，https://www.mhlw.go.jp/toukei/itiran/roudou/koyou/keitai/19/index.html）。

（13）　日本能率協会総合研究所「厚生労働省委託事業令和 2 年度仕事と育児等の両立に関する実態把握のための調査研究事業──仕事と育児等の両立支援に関するアンケート調査報告書」2023年（2024年 1 月23日取得，https://www.mhlw.go.jp/content/11900000/000791048.pdf）。

（小倉祥子）

第Ⅲ部

他者と共に生き，社会を創る

第5章

変わり続ける社会環境を生きる
——産業の変化と仕事のビジョン——

本章のねらい

・仕事へのモチベーションとはどのようなものかについて考えましょう。

・仕事における利益追求と社会的課題解決の新しい関係を探りましょう。

・産業社会の変化が個人と組織の関係をどのように変えているかを理解しましょう。

キーワード

　モチベーション　CSV（Creating Shared Value：共通価値の創造）　ジョブクラフティング

1　変わる仕事の世界と仕事観

変わる仕事の世界

　ここまで，自分について，生涯にわたる学びについて，キャリア全般について，さらにワークキャリアについて理解を深めてきました。本章では産業と経済活動の変化に対応して，わたしたちがこれからどのように仕事をしていくべきか，未来における仕事のあり方について考えていきます。

　本書第3章，第4章でも，結婚や家族についての価値観，出産後の女性の働き方など，人々の生き方が時代によって大きく変わってきたことをみてきました。産業の側からみると，わたしたちはいま，時代の曲がり角に立っています。最近まで安定・堅実を代表していた業界が縮小し，大学生の就職先として人気のあった企業の収益が急激に下がるのを目にしており，組織の寿命が人の生涯に働く期間よりも短い，同じ組織が存続しても仕事に全く新しいスキルを求められる，そんなことは珍しくありません。これまで一度も聞いたことのない役職や職種が次々に生まれています。副業を含めて異なる複数の仕事を並行しておこなう「複業」という働き方も生まれ，リモートを含めた在宅ワーク，あるいは場所を移動しながらの仕事，ネットによる単発の仕事の受注やネットビジネスといった，新しいワークスタイルが登場しています。

高校生の仕事観

　このように急速に変わり続ける社会において，仕事をすることをどうとらえていくとよ

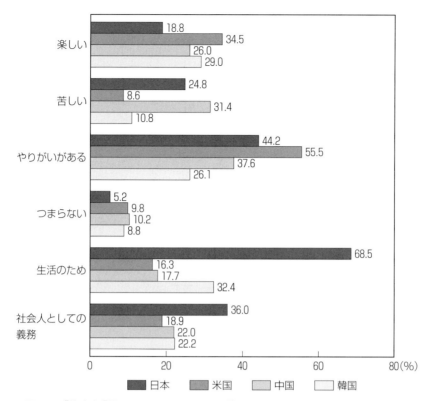

図5.1　「仕事」「働くこと」のイメージ（「とてもそう思う」と回答した割合）

（出所）国立青少年教育振興機構『高校生の進路と職業意識に関する調査報告書──日本・米
国・中国・韓国の比較』2023年，19頁。

いのでしょうか。あなたはどんな働き方が最も好ましいと思いますか？　大切なことは，
場当たり的に行動して時代の変化に翻弄されるのではなく，「仕事をするとはどういうこ
とか」という原点に返って，仕事を自分のライフデザインのなかに位置づけることです。
そのため，遠回りに思われるかもしれませんが，国立青少年教育振興機構が2022年から
2023年にかけて実施し，2023年6月に公表した，米国，中国，韓国，日本の高校生を対象
にした国際調査報告書[(1)]を出発点に，仕事観について考えてみましょう。

　図5.1から，仕事を「やりがい」のためでなく「生活」のためと位置づける考え方が他
国に比べて日本で強いことがわかります。「仕事は楽しい」とイメージしている高校生の
割合は，米国（34.5%），韓国（29%），中国（26%），日本（18.8%）の順でした。その一
方で，「生活のため」は日本（68.6%）がもっとも高く，2位の韓国（32.4%）と比べても
高い割合になっています。「社会人としての義務」も日本（36%）が1位で，日本の高校
生が仕事に対して，楽しさよりも義務感や生きるために必要，というイメージをもってい
ることがわかります。

あなたの仕事観を考えてみよう

　大学生であるあなたは，仕事にどんなイメージを持っていますか？　なぜ日本の高校生は諸外国に比べて，「仕事は楽しい」とイメージするよりも，仕事は「生活のため」「義務」と回答する割合が高かったのでしょうか？　先の高校生の意識調査にある，仕事は「やりがい」のためにするものか，それとも「生活のため」にするものか，という問いは，働く意欲というテーマと関連があります。人が企業や組織で働く意欲は，モチベーションと呼ばれます。そこで本節では，このモチベーションについて，次のようなペアワークをやってみましょう。

✏️ **ワーク1　あなたの仕事へのモチベーションについて考えよう。**[(2)]

> 仕事とは　やりたくないことをやることである　◀▶　やりたいことをやることである
> 　　　　　生計を立てる手段である　　　　　　　◀▶　生きがいを得る手段である

　あなた自身の考えにかかわりなく，友人とロールプレイングでそれぞれの立場から仕事について対話してください。例えば，あなたが「仕事は生計を立てる手段である」という立場なら，友人は「仕事は生きがいを得る手段である」という立場を引き受けて，仕事について話し合ってみましょう。そして，この会話を通して気がついたことを以下に書きとめてみましょう。

> 　

---

② 充実感のある仕事に必要な条件とは

働く意欲とモチベーション

　では，人が企業や組織で働く意欲は，どのようにして引き出されるのでしょうか。モチベーションには，大きく分けると二つのタイプがあると考えられています。[(3)]

　一つ目のタイプは，モチベーション向上の要因が報酬など外部からの働きかけによりもたらされるものです。金銭的報酬，昇進，上司からの評価，所属する集団や組織が設けた義務，命令による強制などでひとは働くことを動機づけられます。感謝される，といったような感情的な報酬も外部からの動機づけです。このように外部からもたらされる要因によって，行動への意欲が高まる心理状態のことを，外発的モチベーションといいます。

　外発的モチベーションを高めることを目的として，目標を達成したら給与が上がるなどの条件を企業は提示します。金銭報酬が増えることは多くの人にとって喜ばしいことであ

り，人があまりやりたくない仕事に取り組む理由になります。このため，外発的モチベーションによって働く場合，「社会人としての義務」「生活のため」という仕事のイメージにつながりやすくなります。

　二つ目のタイプは，給与や昇進などの外的な報酬がなくとも，その活動自体から喜びを引き出すモチベーションです。仕事に対する興味や関心，そこから生まれるやりがいや達成感などによっても，人は働くことに積極的になります。このような関心ややりがいによってもたらされる動機づけを，内発的モチベーションと言います。外発的モチベーションに基づいた行動は，目的を達成するためのものになるのに対し，内発的な動機づけに基づいた行動は，行動そのものが目的となっています。

　内発的モチベーションの考え方では，一般的には，自分には能力があり，自己決定的であると感じるときに，行動を動機づけられるとされています。人は自らが活躍できること(4)で能力が認められ職務に対して動機づけられる傾向があります。また，組織の中での権限が委譲されていて，実際に影響力を行使できると感じることで，職務に対する満足感を得て，そのことで行動が動機づけられます。これらに加えて，仲間と一緒に取り組んでいると感じられるときにも，行動を動機づけられるとされています。内発的モチベーションによって働く場合，仕事を「楽しい」「やりがいがある」と感じることになります。

　ただし，これらは，組織が与えてくれる動機づけであり，個人が自分で主体的に選択できることはあまりありません。「楽しい」「やりがいがある」と感じて好奇心や関心を持って仕事ができるようにするためには，仕事に対する自らの考え方も大切になります。では，仕事についてどのように考えればよいのでしょうか。そのヒントを得るために，「3人のレンガ職人の話」を参考にしてみましょう。(5)

「3人のレンガ職人の話」の教訓

　　世界中をまわっている旅人が，ある町外れの一本道を歩いていると，一人の職人が道の脇で難しい顔をしてレンガを積んでいた。旅人はその職人のそばに立ち止まって，「ここでいったい何をしているのですか？」と尋ねた。

　　「何って，見たらわかりませんか。レンガ積みに決まっているでしょう。朝から晩まで，私はここでレンガを積まなきゃいけないんです。あなたにはわからないでしょうけど，暑い日も寒い日も，風の強い日も，一日中レンガ積みですよ。腰は痛くなるし，手はこのとおり」職人は自らのひび割れた汚れた両手を差し出して見せた。

　「なんで，こんなことばかりしなければならないのか，まったくついてないですね。もっと気楽にやっている人たちがいっぱいいるというのに……」

　　旅人は，その職人に慰めの言葉を残して，歩き続けた。もう少し歩くと，一生懸命レンガを積んでいる別の職人に出会った。先ほどの職人のように，辛そうには見えな

かった。旅人は尋ねた。

「ここでいったい何をしているのですか？」

「私はね，ここで大きな壁を作っているんですよ。これが私の仕事でね」

「大変ですね」旅人はいたわりの言葉をかけた。

「なんてことはありませんよ。この仕事のおかげで私は子供を養っていけるんです。ここでは，子供を養っていく仕事を見つけるのが大変なんです。私なんて，ここでこうやって仕事があるから子供に食べさせることに困らない。大変だなんていっていたら，バチがあたりますよ」

　旅人は，職人に励ましの言葉を残して，歩き続けた。また，もう少し歩くと，別の職人が活き活きと楽しそうにレンガを積んでいるのに出くわした。

「ここでいったい何をしているのですか？」旅人は興味深く尋ねた。

「ああ，わたしたちのことですか？　わたしたちは，歴史に残る偉大な大聖堂を造っているんです！」

「大変ですね」旅人はいたわりの言葉をかけた。

「とんでもない。ここで多くの人が祝福を受け，喪に服するんですよ！　素晴らしいでしょう！」

　旅人は，その職人にお礼の言葉を残して，また元気いっぱいに歩き続けた。

　「3人のレンガ職人の話」を現在の組織と個人との関係に置き換えてみましょう。最初の職人は，仕事の目的も意義も見いだせないままに指示された仕事をしているだけの状態です。二人目の職人は「生活のために」仕事をしています。三人目の職人は仕事にやりがいを感じていますが，仕事内容そのものは一人目，二人目の職人と変わりません。その充実感は，自分の仕事が大聖堂を建てるという大きな目的につながっているところから得られています。職人には，自分の仕事の恩恵を受ける未来の人たちがみえており，仕事が未来の人たちへの「贈与」として意味づけられています。「私」と「私たち」（本書序章参照）とがつながっているという感覚は三人目の職人がもっとも強いのです。

　仕事とは人と人とがつながることであり，それが働き手に自分の存在価値を与えるという，ある意味であたりまえのことを「3人のレンガ職人の話」は思い起こさせてくれます。日本の高校生たちが，仕事を「楽しい」ものというよりも「義務」とイメージしているのは，日本においては，所属する組織がおこなう事業の社会的価値を雇用者が理解・共有しづらい状況にあるか，またはその組織の事業が社会的価値と調和していないか，いずれにしても個人と組織とが目的や理念によって十分に接続されていない状況があるからだといえます。

　どんな営利事業でも，人々のニーズを満たし，人々の「困っていること」に解決を提供しているからこそ，その対価を受け取ることができているのです。その点を見失ってしま

うと，仮に高い報酬を稼ぐことができても，仕事は誰のために，何のためにやっているのか，その目的がわからない仕事になるかもしれません。

利益追求と公益性との両立をめざす産業界

　近年になって，多くの企業がコンプライアンス（法令順守）や環境マネジメント，フィランソロピー（社会貢献的活動）など，企業の社会的責任にかかわる活動（CSR：Corporate Social Responsibility）を始めるようになりました。ビジネスにおいて利益追求と公益（社会課題の解決）との両立が求められるようになったのです。かつては「ビジネス」と「社会的ミッションの追求」とが異なる場合があり，その両立を現実離れした理想のように考える傾向もありました。利益追求を行うのが民間企業で，社会の課題解決や現状の改革をめざすのはNPOやボランティア団体，社会運動を起こすアクティビストという区別です。逆に今では，さまざまな社会課題を市場としてとらえ，その解決を目的とする事業を展開するソーシャルビジネス[(6)]という新しいカテゴリーの企業も生まれました。

　2010年代に入ると，「責任を果たす」という受け身の姿勢ではなく，企業の本業において社会と共有の価値を創造していくことをめざすCSV（Creating Shared Value：共通価値の創造）[(7)]という経営理念が提唱され，企業に取り入れられていきます。CSVは企業の利益と公共の利益を背反するものと捉えていたそれまでの通念をくつがえし，企業が社会的価値の実現を通じて事業価値や競争力を高めていくという新たなビジネスの方向性を示しました。

　「仕事なんて食べていくためにやるもので，つまらない（つらい）に決まっている」「自分に合った良い仕事を見つけ出し，その仕事に就ければ安泰だ」といった考え方は，人生100年時代（本書第2章参照）にそぐわないばかりか，以上のような産業界のトレンドとも逆行するものです。「良い仕事とは，他の人々と一緒に自分がつくり上げていくものだ」「仕事は今いる人たちに対してはもちろん，未来の人たちへの贈与だ」という姿勢と，そうした良い仕事についてのビジョンがわたしたちに求められているのです。

🖉 ワーク2　あなたの「北極星」を考えてみよう。

　第3章ではあなたのゆずれない価値観を軸にしたキャリアについて考えました。第4章では，あなたが気になる職種を挙げてワークキャリア年表を作成し，「仕事で得る経歴・経験」について考えました。ここではさらに一歩進めて，あなたがやりたい仕事から，あなた一人では達成できず多くの人に共有してもらう必要がある社会的ミッションを導き出していきましょう。先の「レンガ職人の話」では「大聖堂を建てる」ことがミッションでしたが，このワークではそのミッションを「北極星」と呼びます。その目標に最終的に届くことは難しいのですが，届かなかったとしても自分の一生を懸けるに値する理想だ，という意味です。
　■ 最初に，第4章であなたが挙げた「職種」を確認し，その内容をさらに具体化してみま

しょう。例えば「市役所で働く」「管理栄養士になる」と書いた人は，実際に市役所に勤務したら，管理栄養士になったら，どんな部署・職場でどんな仕事がしたいのかを考えてください。改めて気になる仕事を考え直してくれてもかまいません。収入がない仕事でも差し支えないですが，人の役に立ち，その活動を通じて自分の尊厳が高まる活動としてください。

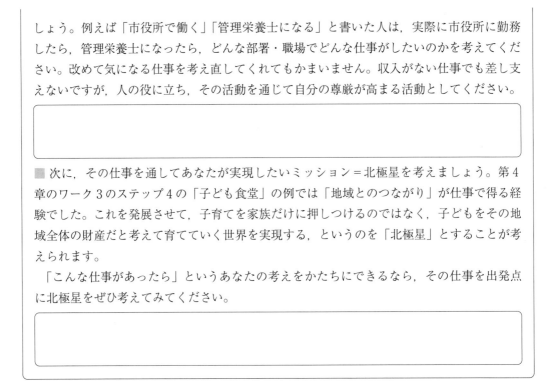

■　次に，その仕事を通してあなたが実現したいミッション＝北極星を考えましょう。第4章のワーク3のステップ4の「子ども食堂」の例では「地域とのつながり」が仕事で得る経験でした。これを発展させて，子育てを家族だけに押しつけるのではなく，子どもをその地域全体の財産だと考えて育てていく世界を実現する，というのを「北極星」とすることが考えられます。

　「こんな仕事があったら」というあなたの考えをかたちにできるなら，その仕事を出発点に北極星をぜひ考えてみてください。

　ワーク2で「北極星」があまり書けなかったという人は，「誰かの困りごとに対して解決や手助けを提供でき，それによって自分が感謝されるとしたら，どんな活動か（過去をふり返って，実際に感謝された経験はないか？）」「一度はめざしていたのに，何かの理由で諦めてしまった仕事や夢がないか」を考えてみましょう。小さな経験や気づき，あるいは自分の過去へのふり返りが，大きな社会的理想，ミッションにつながっているのです。

③　社会の変化と変わる組織と個人との関係

働き方と近代企業

　働き方は，産業や企業の状況に左右されます。そのため，あなたのワークキャリアについて考える上で，産業や企業のあり方が，働き方やモチベーションのあり方にどのような影響を与えているのかについて，知っておくと良いでしょう。

　現代の産業社会は，20世紀初期にアメリカで実現した近代企業の誕生と，大量生産体制の確立を基礎としています。20世紀には，製造業による大量生産によって多くの製品が安く消費者の手に行き渡るようになり，経済的な豊かさが実現しました。衣服や食品，自動車や家電製品，パソコンに至るまで，大量生産によって，わたしたちの生活が便利になってきたのは確かです。

　大量生産を支えてきた近代的な企業で働く人は，その働き方として，規格品を生産する

ために，標準化された仕事に従事することが主流となりました。そこでは強い権限を持った管理者が生まれ，現場の情報は中央に集められ，企業の意思決定がなされるようになりました。そして上下関係にもとづく指示や計画に従って雇用者が働くという形の組織が成立し，広く社会に普及してきたのです。

　しかし，この20世紀的な近代企業は，現代にいたるまでの間に多くの変容を経ており，そのことが働き方に大きな変化をもたらしています。現代社会の働き方に与えた大きな変化について，以下では２つの変化としてまとめてみましょう。

産業のサービス化と人の資質の重視

　最初に見ていく変化は，産業のサービス化です。電気・ガス・水道業，情報通信業，運輸業，卸売・小売業，金融・保険業，不動産業，飲食店，宿泊業，医療，福祉，教育などの分野が，サービス業に分類されます。近代企業は，鉄鋼や自動車などの製造業の分野で成長しましたが，現代社会において，これらの産業の占める割合は大きく低下しています。日本でも，1970年の国内総生産に占める製造業（第二次産業）の割合は全体の42.0％だったのに対して，2010年には25.2％まで減少し，広い意味でのサービス業（第三次産業）が73.6％と，７割を超えるまでになりました。現代はサービス業中心の社会となっているのです。この変化を，産業のサービス化と言います。[8]

　サービスの商品としての特性を考えると，製造業の製品とは大きく２つの違いがあります。一つ目は，異質性すなわち，サービスの内容がお客さんによって異なっていることです。サービスは製品と違って規格化が難しく，顧客との相互作用によって，提供される商品の品質も変わってしまうのです。二つ目は，無形性，すなわち無形の商品であるということです。消費と生産が同時であるため，サービスは提供と同時に消滅することが多く，商品を在庫しておくことができないのです。[9]

　産業のサービス化が進むことで，人の働き方は大きく変化していますが，この変化は，サービスのこれらの特性と関係しています。サービスでは，標準化された作業で価値を生み出すことが難しいため，サービスの提供現場ごとにお客さんに合わせて，異なった提供物が必要になります。百貨店などの化粧品販売で重要なのは，ビューティコンサルタントによるアドバイスであり，コンサルタントの知識や接客時の感情表現のあり方が売り上げを左右します。ホテルでは，宿泊客一人ひとりの異なった要望に丁寧に応えていくことが必要であり，それぞれの現場での雇用者による個別の対応が，企業活動の成否を決めています。

　また，提供されるものが無形であるため，雇用者のサービス提供者としての質が，提供する商品の質そのものとなってしまうことが多くあります。医療サービスの現場では，診断能力や医療技術に加えて，現場の医師や看護師が患者の状況に合わせた配慮があるかどうかで，その医療機関の評判は大きく変わります。

　このように，異質で無形なサービスの提供現場では，雇用者の現場でのスキルや対人関係能力の向上が，製造業の現場よりもより重視されるようになりました。顧客がどのようなことを求めているのかについて把握し，さまざまなレパートリーの中から顧客に合うサービスを選択するスキルが，雇用者には必要なのです。そのため，その場の状況に応じたサービスを創造する雇用者をいかに育てるかが重要になってきます。熟達したサービス提供者になるためには，指導者のもとでサービスの実践を観察し，練習し，少しずつ手伝いながらフィードバックを受けることが必要になります。

　これらのスキルの基本として，現代社会では，感情表現やコミュニケーションの能力が重視されるようにもなってきています。産業のサービス化に伴い，知識や事務処理能力だけではなく，人に配慮できることや，協働をうまく進められることが，企業の現場でもより重視されるようになってきました。学校での授業におけるグループ活動や，課外活動で共同作業をまとめてきた経験も，サービス化された社会での基礎的な資質を形づくる要因と考えられているのです。

情報通信技術の浸透による自己決定の進展

　次に，ICT（Information and Communication Technology：情報通信技術）の発展とその浸透について考えてみましょう。インターネットの登場とそれにともなうウェブニュース，SNS，動画共有などの様々なサービスの台頭によって，誰もがどこにいても集約された情報を手に入れることができるようになりました。組織内の情報もデジタルで共有できるようになり，必要な情報が得られないということはあまりなくなりました。

　組織の中の情報が共有されることで，管理者でなくとも，それぞれの現場で正確な情報に基づいて意思決定できるようになってきています。セールスを担当する人は，お客さんの過去の取引記録や，担当商品がどのくらいで配送可能か，販売の時のノウハウや商品取り扱い上の留意点，現在の商品の売れ行きに基づく割引可能な金額など，様々なデータを入手したうえで，お客さんとの取引の現場で，取引を完結させる意思決定ができるようになっています。

　こうした変化によって，組織の中でも個人が自己決定できることが増えつつあります。もちろん，組織の大きな方向性などは管理者が定めることになりますが，日常的な意思決定を管理者が実施する必要はなくなり，意思決定に関する権限は，現場に近いところへ委譲されていくのです。現場で起こっていることは，その場にいなければわからないことも多くあります。組織全体の情報が共有されていれば，意思決定するために必要な情報を最も豊かに持っているのは，現場の雇用者ということになります。そのため，現場の雇用者の実行スキルが十分なら，現場で決定することが適切でしょう。

　それでは，現場で雇用者が自己決定できるようになると，働く意欲はどのように変化するでしょうか。個人の内発的モチベーションはより強化されるかもしれません。前に述べ

たように，自分に十分な能力があり自己決定的であると感じるときに，働く意欲が湧いてくるからです。自分で工夫したり，その場に応じた対応をしたり，新しい仕事の仕方を考えることは創造的な行為です。そのことで，仕事そのものに対する興味や関心もさらに上がるという好循環が生じることになるでしょう。

　情報通信技術の影響のなかでも，コロナ禍によって急速に進んだのが，リモートワークの普及です。労働者は物理的に離れていても，技術によって結ばれて，仕事できるようになっています。技術的には既に実行可能だったのですが，コロナ禍という緊急事態で，人々が接触を極力控える働き方を追求したことで，リモートワークの活用が実現しました。できる職種とできない職種があるのは確かですが，ICT 業界などを中心に，自宅で仕事をすることや，通信環境の整ったカフェや外部のオフィスなどで仕事をするなどの習慣が急速に広がりました。こうした結果，仕事の評価基準も変わりつつあり，仕事をする時間の長さや勤勉さよりもむしろ，仕事の成果によって評価されるようになってきています。[13]

新しい働き方とジョブクラフティング

　このように，21世紀の社会では，産業や企業に 2 つの大きな変化があったことで働き方が変容してきており，個人の働き方や求められる資質も変化してきています。社会のサービス化は，人とのコミュニケーションや感情表現をもとにした協働の力を働く人に求めるようになりました。情報通信技術の浸透によって，自己決定する力，主体性が重要になってきています。

　モチベーションという観点からみると，内発的モチベーションに基づいて働く形を社会が志向してきているとも言えます。自己決定し，創造性を発揮することで，仕事そのものに「楽しさ」や「やりがい」を見出し，達成感を重視するという社会が到来しつつあるということになります。

　仕事に関する自己裁量を「ジョブクラフティング[14]」と呼び，（1）仕事の作業内容を働き手が自分の裁量で決定する，（2）仕事で関係する人々との関わり，コミュニケーションを雇用者が調整できる，（3）雇用者が仕事の目的や意味を考え直したり，自分の興味関心と結び付けて考えたりすることで，やりがいを感じながら前向きに仕事に取り組む工夫ができる，の 3 つからなっています。

　先に紹介した「レンガ積み職人の話」を，ジョブクラフティングという視点からもう一度考えてみましょう。それが「組織に所属すること」と「自ら仕事をつくりだすこと」を両立させ，内発的モチベーションを高めるための要のひとつであるとわかるでしょう。

フリーランスとスタートアップ

　ここまで述べてきたような産業社会の変化を背景として，個人が直接契約して会社から仕事を請け負うフリーランスという生き方が，これまでよりも成立しやすくなっています。

情報通信技術の浸透によって，調整を進めるために，雇用者である必要性は小さくなりました。仕事を企業の外部へ委託することが普通になり，大きな組織に所属しない働き方が生まれてくることになります。歴史的に建築業界や映画業界では，個人や小規模事業者がプロジェクトごとに集まって仕事する形態であることがよく知られていましたが，このような仕事の仕方が，一般化してきています。

　そして，スタートアップという個人と社会のかかわり方が，近年クローズアップされるようにもなってきました。スタートアップは，組織に所属せずに，自分で起業した会社のことを指します。個人が，自分の好奇心や関心を実現するために，自分の裁量で仕事を設計していくことができるという意味では，内発的モチベーションに駆動された，究極の形の一つなのかもしれません。

　進化の著しい先端的技術と社会課題とを結びつけて新しいビジネスモデルを展開するスタートアップは，今や産業の花形といっていい存在です。近年のスタートアップは，高度なテクノロジーを駆使する企業ほど環境問題をはじめとする社会課題に敏感になり，公益性を重視した事業を展開するようになっています。食料不足に取り組むフードテック，学習効率の向上のためのエドテック，医療・介護分野のヘルステック，気候変動問題に取り組むグリーンテックなど社会課題の解決に挑むスタートアップはわれわれの未来を左右する存在といっても過言ではありません。

　以上のような産業社会の変化と，それに伴う働き方の変化をふまえた上で，自分自身の働き方について，考えてみましょう。

🖊 **ワーク3　あなたが充実感を得ながら仕事をしていくために，どんな仕事環境が必要かを考えよう。**

　あなたは将来，組織に所属して働きたいですか，それとも独立して（起業して）働きたいですか？

　どちらの場合でも，仕事や将来に関してどんな不安や問題点を感じているでしょうか。ここまでの議論を参考にしつつ，思い浮かんだこと，周りの人と話し合ったことを書き留めてみましょう。あなたの将来ビジョンにかかわらず，両方に記入しましょう。

■ 組織に所属して仕事をする場合

```

```

■ 独立して（起業して）仕事をする場合

```

```

注

（1）　国立青少年教育振興機構『高校生の進路と職業意識に関する調査報告書——日本・米国・中国・韓国の比較』2023年（2024年1月23日取得，https://www.niye.go.jp/pdf/houkokusho20230622.pdf）。

（2）　ワーク作成にあたって，榎本英剛『本当の仕事　新装版』（マイナビ出版，2022年）が提案している「メガネワーク」から発想のヒントを得た。もちろん，同書に掲載されているワークは本章のものとは異なる。

（3）　Deci, E. L. *Intrinsic motivation.* New York: Plenum Press, 1975.（エドワード・L・デシ著／安藤延男・石田梅男訳『内発的動機づけ——実験社会心理学的アプローチ』真誠書房，1980年）

（4）　Deci, E. L., & Ryan, R. M. *Intrinsic motivation and self-determination in human behavior.* New York: Plenum Press, 1985.

（5）　「3人のレンガ職人の話」は，新人社員研修などの人事関連のイベントでよく用いられる話で，さまざまなバリエーションが拡散されている。その起源については諸説あり，以下のサイトではその検証も行われている（2024年1月23日取得，https://tokyo.real-cocoon.com/16657-2/ および https://mainichi.jp/articles/20211231/k00/00m/040/155000c）。ここでは，性別や家族の中立化という観点から物語を書き直しており，あくまで一つの創作されたたとえ話と受け止めてほしい。

（6）　経済産業省による「ソーシャルビジネス」の定義が以下のサイトに掲載されている。（2024年1月23日取得，https://warp.ndl.go.jp/info:ndljp/pid/12913855/www.meti.go.jp/policy/local_economy/sbcb/sb%20suishin%20kenkyukai/sb%20suishin%20kenkyukai%20houkokusyo%20gaiyou.pdf）。

（7）　Michael E. Porter and Mark R. Kramer. "Creating Shared Value: How to reinvent capitalism—and unleash a wave of innovation and growth" *Harvard Business Review*, 2011, 2-17. 概念の初出は，マイケル・ポーターがCSV委員を務めた次の報告である（2024年1月23日取得，https://www.nestle.com/sites/default/files/asset-library/documents/library/documents/corporate_social_responsibility/concept-corp-social-responsibility-mar2006-en.pdf）。

（8）　内閣府経済社会研究所「国民経済計算」より抜粋。

（9）　Zeithaml, V. A., Parasuraman, A., & Berry, L. L. Problems and strategies in services marketing. *Journal of marketing*, 49(2), 1985, 33-46.

（10）　Heskett, J. L., Jones, T. O., Loveman, G. W., Sasser, W. E., & Schlesinger, L. A. Putting the service-profit chain to work. *Harvard business review*, 72(2), 1994, 164-174.

（11）　松本雄一「実践共同体構築による学習についての事例研究」『組織科学』49(1)，2015年，53-65。

（12）　Malone, T. W. "The future of work: how the new order of Business will shape your organization, your management style, and your life", *Harvard Business Review Press*, 2004.（トマス・W・マローン著／高橋則明訳『フューチャー・オブ・ワーク』ランダムハウス講談社，2004年）

（13）　高橋潔・加藤俊彦『リモートワークを科学するI　調査分析編——データで示す日本企業の課題と対策』白桃書房，2022年。

（14）　Wrzesniewski, A., & Dutton, J. E. "Crafting a job: Revisioning employees as active crafters of their work", *Academy of management review*, 26(2), 2001, 179-201.

（水島和則）

第6章
持続可能な社会をデザインする

本章のねらい

・「私」が社会を構成する一員であるとの認識を深めましょう。

・「私」と社会をデザインすることの接点を探りましょう。

・社会の未来を描くということを，「私」の未来を描くことに重ね合せましょう。

キーワード

　「私」「私たち」　持続可能性　デザイン　共感

1　「私」と社会

「私たち」って誰のこと？

　「みんな持っている」「みんなやっている」，こう言って何かをねだったり言いわけをしたりしたことはありませんか。このときの「みんな」には自分は入っておらず，クラスだったり周りの同級生だったり，自分以外の複数の人のことを「みんな」と表現していたのではないでしょうか。

　では，「みんながんばろう」はどうでしょうか？

　2020年からの新型コロナウイルスの感染拡大とそれによる様々な影響のなかで危機を乗り越えようと，国連では，自分を含めた家族や地域，国家，そして地球全体までを「みんな」と表現し，呼びかけられていました。⁽¹⁾

　「みんな」という表現には，「私」を含めない場合と含める場合があります。また「みんな」が意味する範囲も，家族やクラスから地球全体まで，狭まったり拡がったりします。

　本書は「私」が主体性を有して前に踏み出す力を身に付けていくことを期待しています。そこで本章では，「私」が社会を構成する一員であることに着目し，「私」を含めた社会の表現として「私たち」を用います。序章で示されたように，「私たちは，それぞれが意思決定に参加し，多様な人と共存して，変化の著しい予測不能な未来を生きていかなければなりません。私たちがどんな社会を創るのか」，それは，わたしたち自身に委ねられているのです。

　本章ではまず，「私たち」の今日の社会において重要とされている持続可能性について

説明します。次に，社会課題を発見し解決する思考や行動のあり方であるソーシャルデザインについて理解を深めます。そして最後に，一人の「私」ができることやりたいことを考えていきます。

持続可能性を考える

　現在，「持続可能性（sustainability）」を前提とする思考が，地球上の「私たち」人間の課題として示されるようになっています。

　「持続可能性」について理解するために，少し時代を遡りましょう。1960年代，経済成長にさらに変革を加える「開発」が始まりましたが，結果として，環境破壊や貧困を生み出し，格差をもたらしていると批判されるようになりました。

　このような社会の状況を少しでも改善するための規範として示されたのが，「持続可能な開発」という考え方です。1972年にスウェーデンのストックホルムで開催された国際連合の人間環境会議において人間環境宣言が採択され，人間環境の保全と向上に関し，世界の人々を励まし導くための共通の見解と原則が定められました。そして1987年に，「環境と開発に関する世界委員会」が公表した報告書『我ら共有の未来（Our Common Future）』において中心的な考え方として示されたのが「持続可能な開発」です。「将来の世代の欲求を満たしつつ，現在の世代の欲求も満足させるような開発」であり，環境と開発を互いに反するものではなく共存し得るものとしてとらえ，環境保全を考慮した節度ある開発が重要だとされたのです。

　さらに1992年には，ブラジルのリオ・デ・ジャネイロで環境と開発に関する国際連合会議が開催され，「持続可能な開発」が人類の共通の課題として承認されました。21世紀に向け持続可能な開発を実現するための各国および関係国際機関が実行すべき行動計画（アジェンダ）が採択されたことは，人類史上画期的な政治的成果だとされています。

　環境経済学者の宮本憲一は，『日本社会の可能性——維持可能な社会へ』[2]で，人類共通の課題を5つ挙げ，これらの課題を総合的に実現する社会をサステナブル・ソサイエティと呼んでいます。

（1）平和を維持する，特に核戦争を防止すること。
（2）環境と資源を保全・再生し，地球を人間を含む生態系の環境として維持・改善すること。
（3）絶対的貧困を克服して，社会的経済的な不公正を除去すること。
（4）民主主義を確立すること。
（5）基本的人権と思想・表現の自由を達成すること。

SDGs という世界共通の目標

　わたしたちは，「私たち」の範囲を地球そして人類全体にまで拡大し，持続可能性を考え行動することが求められています。では，何をしたらいいのでしょうか。

　2015年9月の国連サミットで採択された「持続可能な開発のための2030アジェンダ」では，「誰一人取り残さない（leave no one behind）」という理念とともに，「持続可能な開発目標（SDGs：Sustainable Development Goals）」が示されました。2030年を年限に，具体的な17の目標と169のターゲットを示したSDGs が，地球上の「私たち」の共通目標になったのです（図6.1）。[3]

　自分が取り組んでいる行動や活動がSDGs の17の目標のどれに当てはまるのかをアイコンで示すことで，誰もが持続可能性との接点を考えることができるようになりました。目標を共有していることを「私たち」に知らせるアイコンは，国や自治体（都道府県，市町村），企業，学校，NPO などあらゆる人や組織が，ローカルにそしてグローバルに協働する基盤となっています。

　社会のビジョンを描く思考方法には，フォアキャスティングとバックキャスティングという二つの方法があります。フォアキャスティングとは，過去や現在を起点として未来を導き出し，「以前からこんな問題があるからこうしよう」「今，こんな制約があるからこれはできない」など，過去の経験やデータにもとづいて現在の課題を見いだし，改善に取り組んで未来の目標に近づける思考方法です。これに対しバックキャスティングは，実現したい未来の目標を起点として現在をふり返り，「このためにはこうしよう」とギャップを埋めていく思考方法です。

　SDGs は，未来のあるべき姿を示すものです。その未来と現在のギャップを埋めるために，わたしたちができること，やらなければならないことを考えることが重要なのです。

　では，何が社会を持続させること，そして未来のあるべき姿につながるのでしょうか。ワーク1では，SDGs を「今やっていること」「これからやってみたいこと」という2つの視点から考えてみましょう。

　あなた自身の日常生活での行動や活動をふり返り，SDGs に関係あると思うものを挙げてみましょう。食事の時，身支度の時，通学の時，買い物をする時，アルバイトをしている時など，何気なくおこなっていることが，SDGs にどう関連しているのか考えてください。ちょっと視点を変えてみることによって，「今やっていること」が，新しい意味を持つことになります。

　SDGs で問われることは，これまでの行動や活動に新しい意味を持たせるだけではありません。これまでになかった新しい考えや行動が必要とされています。

　未来のあるべき姿を想定しながら，あなたがこれから SDGs に関わって何かやってみたいことをいくつか挙げてみましょう。「これからやってみたいこと」を考えることは，社会のビジョンを描くことにつながります（記入後，周りの人たちと記した内容を共有してみ

図6.1　持続可能な開発目標

（出所）https://www.un.org/sustainabledevelopment/（2024年1月23日取得）.
"The content of this publication has not been approved by the United Nations and does not reflect the views of the United Nations or its officials or Member States."

ましょう）。

✎ **ワーク1　「私」にとっての SDGs を挙げてみよう。**

■ これって SDGs ？

■ やってみたい SDGs ！

---

② 「私たち」の社会をデザインする

社会の仕組みを問い直す

　それでは，SDGs という世界共通の目標にたいして，「私」は「私たち」の社会のなかで，何に取り組むべきでしょうか。

　20世紀後半には，経済性や効率性を偏重する社会の仕組みの行き詰まりが明らかになり，わたしたちの暮らしに関わる人間関係，教育，福祉，地域，労働におけるあらゆる社会課題が顕在化しました。こうした中で，経済的な指標ではなく，人間の社会・文化生活にお

ける精神的な豊かさを指標とする GNH（Gross National Happiness：国民総幸福量）という考え方が出てきました。1972年にブータン王国の国王が提唱し，ブータン王国で初めて調査され，以後，国の政策に活用されています。

　国民総幸福量は，（1）心理的幸福，（2）健康，（3）教育，（4）文化の多様性，（5）地域の活力，（6）環境の多様性と活力，（7）時間の使い方とバランス，（8）生活水準・所得，（9）良き統治，という9つの分野で指標が設けられています。これは，本書序章や第1章，第3章で示された「ウェルビーイング」を可能とする指標でもあります。

　現在，日本の自治体（市町村）では，市民の「幸福度」に着目した指標を設けて，暮らしの満足度を高める施策が展開されています。そこで問われているのが，コミュニティのあり方です。コミュニティとは，一定の場所（村，町，地方など）において人々に共通する諸特徴（風習，伝統，言葉遣いなど）により統合された包括的な領域のことで，共同体を意味します。コミュニティには，家族，地域住民，学校や職場，宗教や民族などの人々とのつながりがあり，さらには，SNS 上のつながりも新しいコミュニティとして捉えられています。

　形成されたコミュニティは，継続させたいという，構成するメンバーの意志が重要です。そのコミュニティとどのように関わるか，他のメンバーとどのような関係性をつくるのかが問われます。コミュニティを維持するためには，わたしは何をおこなってきたのか，何ができて何ができないのか，他のメンバーとともに，確認しながら補完していくというメンテナンスが大切なのです。

　社会は複数のコミュニティが重なり合って，成り立っています。あなたにとって，どのようなコミュニティが心地よいのか，どのような社会だと幸せなのか，社会の仕組みを問い直すこと，それが社会をデザインすることのはじまりなのです。

ソーシャルデザインとは

　では，社会をデザインするとはどのようなことなのでしょうか。

　「デザイン思考」という言葉を耳にしたことはありますか。大量生産・大量消費の時代においては，デザインが社会で果たす役割とは何か，社会が必要としているモノは何かが問われます。

　オーストリア出身のアメリカのデザイナーであり教育者でもあるヴィクター・パパネック（Victor Papanek）は，『生きのびるためのデザイン』[4]（1974，晶文社）で，デザイナーには社会的，経済的な責任があることを指摘しました。そして，デザイナーが社会に与える影響について自覚するよう促し，環境・福祉・発展途上国のためのデザインへの視点を提起しました。

　つまり，「デザイン思考」とは，デザイナーやクリエーターがデザイン（設計）を行う

過程で用いている，まだ気づかれていない，もしくは前例のない課題や問題に対して解決・実現を図る思考や行動のあり方を示す言葉です。

　日本では，「グッドデザイン賞」という制度において，わたしたちが向き合うべき根源的なテーマとして「人間・本質・創造・魅力・倫理」という5つの言葉をその理念として掲げています。

　毎年秋に発表されるグッドデザイン賞の赤丸に白抜きの「G」マークを見たことがある人は多いでしょう。これは，公益財団法人日本デザイン振興会が「単にものの美しさではなく，人，社会そして未来を豊かにするもの」に贈っている賞ですが，それは目に見えるかたちあるモノ（製品）だけではありません。

　2010年ごろから，「地域づくり」「サステナブル」「未来」などの言葉がついたデザイン賞を設けるようになっていましたが，2018年には「おてらおやつクラブ」にグッドデザイン大賞が贈られています。国内各地の寺院に供物として献じられた菓子や食品等を，協力寺院・団体を通じて経済的に困難な状況にある家庭へ提供し，貧困問題の解決に寄与することを目的とした活動の「志の美しさ」「プロセスの美しさ」「仕組みの美しさ」が評価されました。

　長年，このグッドデザイン賞のプロモーションに従事している矢島進二は，「日本におけるソーシャルデザインの軌跡。[5]」で，ソーシャルデザインとは，「社会的課題をデザインの力で解決し，より良い社会にしていくこと」だと語っています。デザイン思考は，かたちあるモノだけではなく，社会の仕組み，人々のつながりといった目に見えないコトも対象にする言葉なのです。

　ソーシャルデザインの第一人者である筧裕介は，『ソーシャルデザイン実践ガイド——地域の課題を解決する7つのステップ[6]』の冒頭で次のように述べ，ソーシャルデザインの行程を7つのステップに分けて示しています。

　　社会課題は，鬱蒼とした森のようなもの。足を踏み入れると出口が見えず，捉えどころがなく，道に迷うことも多い。ソーシャルデザインとは，そんな森に一本の道をつくる活動です。森を歩き，声を聞き，仲間をつくる。森の地図を描き，一番必要とされる場所に，必要な道を，橋を，小屋をみんなでつくる。それがソーシャルデザインです。
　（1）森を知る……森の中を歩き，先人の知恵を学び，森の全容を理解する。
　（2）声をきく……森の住民，管理者，活動家の声を聞き，課題を自分ごとにする。
　（3）地図を描く……自分の目と耳と足とで手に入れた情報を手がかりに，森の全容を地図にする。
　（4）立地を選ぶ……どこに道をつくるべきか，選択・決定する。
　（5）仲間をつくる……住民や専門家など，道づくりに協力してくれる仲間を集める。
　（6）道を構想する……どんな道をつくるべきかというアイデアをみんなで多数だし，

　　　検証し，具体化する。
　（7）道をつくる……仲間とともにみんなで道をつくる。どんどん改良し，必要なものを加えていく。

　これまで行ったこともない森に入るときには，迷子にならないか，不安になるかもしれません。迷子にならないためには準備が必要です。
　ソーシャルデザインの7つの行程は，大学での学問の世界，研究の世界にも共通しています。課題を見つけ，問いを立て，先行研究を調べ，調査・実験をおこない，検証し，新しい知見を積み上げていく。大学での学びは，社会課題という森に足を踏み入れる時の不安を取り除くこと，そして必要な道をつくるソーシャルデザインにつながっています。

「問い」を立てる

　ソーシャルデザインは，現場を歩くことから始まります。観察をし，気になること，違和感を覚えることを探します。そして，「問い」を立てます。社会課題の解決や地域づくりの活動を行う際に大切なことは，この「問い」を立てるということです。問いには，大きく分けて2つの種類があります。それは，「閉じた問い」と「開かれた問い」です。
　「閉じた問い」とは，学校のテストなどで慣れ親しんだ，決まった答えのある問いです。「人間環境宣言は何年に採択された？」「日本の首都は？」などです。また，「はい」「いいえ」という応答で済んでしまうような問いも「閉じた問い」です。
　一方，「開かれた問い」とは，答えに色々な可能性や広がりがある問いです。「少子化が進むのはなぜ？」「貧困はなぜ起こるのか？」「虐待はなぜ起こるのか？」「気候変動はなぜ起こるのか？」などです。
　また，「開かれた問い」には，「人間はなぜ生きているのか？」「正義とは何か？」「自由とは？」など，答えが一つとは限らない，答えを導き出すのが難しい問いもあります。そして，「どうしたら少子化を抑制できるのか？」「どうしたら貧困を防げるのか？」「どうしたら虐待を防げるのか？」「どうしたら気候変動を防げるのか？」という，改善のための問いも「開かれた問い」です。
　持続可能な社会をデザインする際には，「開かれた問い」が重要となります。例えば，貧困の原因と対策についての問いには，経済，政治，政策，地域構造などいろいろなことを調べ，自分なりに解釈し，答えを導き出さなければなりません。
　では，あなた自身がこれまで見て聞いて経験してきたことから，社会の課題を何か探してみましょう。そして，その原因追求や課題解決を行うための「開かれた問い」を立ててみましょう。

✎ ワーク2　社会課題を探してみよう。

■ わたしの身近な社会課題

■ 課題解決のための「開かれた問い」を立ててみよう

---

③ 「私」をデザインする

共感の連鎖

　ワーク2では，身近な社会課題を見出し，「開かれた問い」を立ててみました。では，「私」に何ができるのでしょうか。

　重要なことは，わたしが社会の一員であるからこそ，社会をデザインすることは，わたし自身をデザインすることでもある，ということです。デザインとは，共感によって多くの人の心に訴え，行動を喚起し，「私たち」が幸せに過ごせるであろう「納得解」を導き出す作業なのです。そして，共感とは，序章でも述べられたように，他者の意見や考え，感情などに，そのとおりだと感じたり共有したりすることです。

　社会課題を解決していく過程で重要となるのは2つの共感です。一つ目は，課題に直面している人々の気持ちに共感することです。他者が置かれている状況を「我がこと」として受け止めます。単に理解するだけでなく，感情が揺さぶられるポイントを見つけることによって，課題の本質が見えてきます。

　二つ目は，「私」がやろうとしていることに，他者との共感を生み出すことです。社会課題の解決には，「私」の力だけでは限界があります。「私たち」の力が必要です。「私たち」の範囲をできる限り拡げられるような共感が，ムーブメントを起こしていきます。そのような共感の連鎖が社会課題の解決につながるのです。

　2016年，厚生労働省は「『我が事・丸ごと』地域共生社会実現本部」を設置しました。地域のあらゆる住民が役割を持ち，支え合いながら，自分らしく活躍できる地域コミュニティを育成し，公的な福祉サービスと協働して助け合いながら暮らすことのできる「地域共生社会」の実現が目指されています。住民主体による地域課題の解決には，身近な暮らしの中に共感をどのように生み出し，どのように連鎖させるのかが課題となります。それは，わたしたち自身の課題でもあるのです。

「私」の物語

　では，共感の連鎖を生み出し，連鎖させるものは何でしょうか。それは，自分が何に心を揺さぶられたのか，何に突き動かされたのか，という物語（ナラティブ）です。ストーリーという言葉も物語という意味があります。ストーリーは起承転結や筋書きといった物語の「内容そのもの」であるのに対し，ナラティブは物語の「語られ方」のことです。ナラティブは，現在進行形で起承転結も筋書きもなく，語り手である「私」自身が自由に紡いでいくものであり，「やろうとしていること」という未来を含めた物語を意味します。

　「私」の物語など誰も気にしないし意味がないだろう，と思うかもしれません。しかし，社会課題を解決しようとすると，自分と「私たち」になってくれる誰かを必要とします。なぜそれが課題なのか，どうしてそのような活動をするのかが問われてきます。誰かの「私」への理解や共感は，「私」の物語（ナラティブ）から生まれてきます。

　本章の最後に，この「私」の物語について考えてみましょう。ティム・クラーク，アレックス・オスターワルダー，イヴ・ピニュールは「パーソナル・キャンバス」という活動を可視化して表現するためのツールを考案しました（詳細は，『ビジネスモデル YOU』（神田昌典訳，翔泳社，2012年を参照）。パーソナル・キャンバスとは，ビジネスにおける提供価値や顧客，コスト，収益などを視覚的に整理するフレームワークである「ビジネスモデル・キャンバス」の個人版です。ビジネスという言葉に違和感を抱くかもしれませんが，営利であろうと非営利であろうと，経験を積み重ねてきた自分自身の価値を相手（ビジネスの場合は顧客ですが）に届けるという点では同じなのです。自分のキャリアを社会とのかかわりの中に積み上げ，そしてそれを「私」の物語として展開していくこと，これが社会をデザインすることと「私」をデザインすることの接点となるのです。「パーソナル・キャンバス」では，「私」の長所や才能，そして実践してみたいことをモデル化して言語化するための思考が求められます。ワーク3でも活用してみたいと思います。

　今日，社会課題をビジネスの手法を用いて解決するソーシャルビジネスが広がりつつあります。ビジネスで問われている「使命（仕事）」「顧客」「価値」「成果」「計画」などは，持続可能な社会をデザインする思考にも求められています。

　社会課題に対して，「私」は何ができるのか，何をやってみたいのか，順を追って確認していきましょう。

🖉 **ワーク3　「パーソナル・キャンバス」を使ってみよう。**
　「パーソナル・キャンバス」はどこから記してもいいのですが，最初に，あなたが幸せになってほしいと思う身近な人（たち）や，役に立ちたいと思う人（たち）を想像することから始めてみましょう。その人のために何ができるのか，何をしたいのか，考えてみましょう。

①「誰のために役に立つか」（あなた（組織）が作り出す価値を届ける相手）

・あなたは誰のために活動していますか？

・あなたは誰の役に立ちたいと思っていますか？

②「自分自身」

・あなたはどんな人（性格）ですか？

・あなたが関心のある事は何ですか？

・あなたが持っている財産（能力・技術）は何ですか？

③「主な活動」

・あなたが取り組んでいる活動は何ですか？

・あなたならではの大切な役割・やらなければならない事は何ですか？

④「どのように役に立つか」

・①で書いた人に，あなたはどのような価値（メリット）をもたらしていますか？

・①で書いた人の，あなたはどういう問題を解決していますか？

⑤「価値を認知させ，届ける手段」（価値を提供していることを告知する方法，届ける様々なルート）

①で書いた人に対して，

・あなたはどのようにして価値（メリット）を伝えますか？

・あなたはどのようにして自分の活動を周知しますか？

⑥「コミュニケーションの取り方」（関係性を構築，維持，展開するための様々な仕組み）
①で書いた人と，
・あなたはどうやって関わっていますか？　又は関わっていきたいですか？

・あなたはどんな手段を用いて対話し，接していますか？

⑦「支援者・協力者」（専門性，高度な設備を有している人や組織）
・あなたの活動を支援し協力してくれる人は誰ですか？

・あなたの活動に関わりのある人は誰ですか？

⑧「得るもの」（与える価値が届けられる際に受け取るもの）
・あなたは何のために活動をしていますか？

・あなたはその活動で何を得ていますか

⑨「自己投資」（資源を調達し，協力者を得て活動するために払うコスト）
・あなたはその活動のために何を犠牲にしていますか？

・あなたはその活動のために何を費やしていますか？

　以上，本章では，「私」と社会との関わりを確認することを通して，「私」が社会を構成する一員であるとの認識を深めてきました。「こんな社会になってほしい」「こんな「私」になりたい」「こんな未来になってほしい」，そのために，今，わたしは，わたしたちは何ができるのか，何をしたいのか考えました。そして，社会をデザインし，「私」をデザインし，その未来を重ねあわせながら，「私」と社会をデザインすることの接点を探ってきました。持続可能な社会をデザインすること，それは新しい自分を発見することでもあるのです。

注

（1）　国連広報センターブログ・シリーズ「みんなで乗り越えよう，新型コロナパンデミック：私はこう考える」（2024年1月23日取得，https://blog.unic.or.jp）。
（2）　宮本憲一『日本社会の可能性——維持可能な社会へ』岩波書店，2000年。
（3）　国際連合広報センター「持続可能な開発目標」（2024年1月23日取得，https://www.unic.or.jp/activities/economic_social_development/sustainable_development/sustainable_development_goals/）。
（4）　ヴィクター・パパネック著／阿部公正訳『生きのびるためのデザイン』晶文社，1974年。
（5）　矢島進二「日本におけるソーシャルデザインの軌跡。」，『自遊人』2019年2月号，102-129頁。
（6）　筧裕介『ソーシャルデザイン実践ガイド——地域の課題を解決する7つのステップ』英治出版，2013年。
（7）　ティム・クラーク，アレックス・オスターワルダー，イヴ・ピニュール著／神田昌典訳『ビジネスモデルYOU』翔泳社，2012年。

（谷口功）

おわりに

　大学生になったみなさんは，これからの4年間をどのように過ごしたいと思いますか。学部・学科での学び，部活動やサークル活動，アルバイトなど，取り組んでみたいことがたくさんあるのではないでしょうか。本書は，「はじめに」でも触れましたように，大学初年次教育のためのトータルライフデザインの教科書として制作されました。トータルライフデザインとは，大学4年間をどう過ごすかはもちろん，ずっと先まで続く人生の転機を乗り越え，仕事やさまざまな活動を調和させ，自分自身で人生をデザインすることです。

　働き方や暮らし方が大きく変容しようとしている現在，ライフコースも多様化しています。将来を展望するための教育としては，すでに多くの「キャリア教育」の教科書が刊行されていますが，本書の「人間教育」を基礎としたトータルライフデザインは，「キャリア教育」とは次の点で異なります。

　通常「キャリア教育」では，おもに個人の「社会的・職業的自立」に焦点を絞っているのが特長ですが，本書では，人生をトータルにとらえ，仕事に加えて，家庭，地域，趣味など，さまざまな場面で活動をする「私」がどのように自分らしく生きていくのかを検討しています。

　また，トータルライフデザインでは，「私」個人の人生のみならず，仕事やさまざまな活動を通して他者と協働し，「私」が「私たち」の社会へ参画することを前提としています。本書第1章，第2章，第3章，第4章で述べた自己理解や経験にもとづく個人の成長が，本書第5章，第6章で述べた持続可能な社会の創造へとつながっているのです。したがって，トータルライフデザインは，「私」が自分らしく幸福な人生をデザインすること，「私たち」の社会の幸福の追求，その両方を目指していることになります。

　読者のみなさんは，これから専門的な学びの段階へ移っていくことと思います。大学の目的は，「学術の中心として，広く知識を授けるとともに，深く専門の学芸を教授研究し，知的，道徳的及び応用的能力を展開させること」（学校教育法第83条1項，本書第2章参照）とされています。つねに自発的，能動的に学ぶことを心がけることで，「知的，道徳的及び応用的能力を展開させる力」が，この先の長い人生の助けになってくれるでしょう。

　みなさんが生きていく未来の社会は，ますます予測が難しくなってきています。そのなかで，自分らしさを見失わないこと，何度でも柔軟に目標を設定し直すこと，異なる考え方を持った人と協働すること，課題に対していくつかの解決策を見つけることが大切になってくるでしょう。大学4年間，そしてその先も，本書で学んだトータルライフデザインという考え方を思い起こしていただけたらと思います。

最後に，本書の制作に携わってくださった関係者のみなさんの多大な尽力に感謝の意を表します。豊かで幸福な「私」の人生と「私たち」の社会の創造を望む多くの人の手に，本書が届けられることを願っています。

　2024年1月

執筆者を代表して　藤岡阿由未・藤原直子

索　引

《執筆者紹介》（執筆順，＊は編著者）

黒田由彦（くろだ・よしひこ）はじめに

　　名古屋大学大学院文学研究科博士課程（後期課程）中途退学。博士（社会学）（名古屋大学）。現在，椙山女学園大学学長。
　　主著に『ローカリティの社会学──ネットワーク・集団・組織と行政』（ハーベスト社，2013年），『防災と支援──成熟した市民社会に向けて』（編著，有斐閣，2019年），「女川の復興と原発再稼働」『環境と公害』（第50巻第4号，2021年）ほか。

＊藤岡阿由未（ふじおか・あゆみ）序章，おわりに

　　編著者紹介欄参照。

川島一晃（かわしま・かずあき）第1章

　　名古屋大学大学院教育発達科学研究科博士課程（後期課程）単位取得満期退学。修士（臨床心理学）（名古屋大学）。現在，椙山女学園大学看護学部准教授。
　　主著に『ポジティブ生徒指導・予防的学級経営ガイドブック──いじめ，不登校，学級崩壊を予防する問題解決アプローチ』（共訳，明石書店，2020年），「高校生に対する「強み」に着目したポジティブ心理学的介入の効果」『椙山女学園大学看護学研究』（第12巻，2020年），『実践につながる　新しい教養の心理学』（共著，ミネルヴァ書房，2022年）ほか。

＊藤原直子（ふじわら・なおこ）第2章，おわりに

　　編著者紹介欄参照。

加藤容子（かとう・ようこ）第3章

　　名古屋大学大学院教育発達科学研究科博士課程（後期課程）単位取得満期退学。博士（心理学）（名古屋大学）。現在，椙山女学園大学人間関係学部教授。
　　主著に『ワーク・ファミリー・コンフリクトの対処プロセス』（ナカニシヤ出版，2010年），『わたしのキャリア・デザイン──社会・組織・個人』（共著，ナカニシヤ出版，2014年），『産業・組織心理学──個人と組織の心理学的支援のために』（編著，ミネルヴァ書房，2020年）ほか。

小倉祥子（おぐら・しょうこ）第4章

　　日本女子大学大学院人間生活学研究科博士課程（後期課程）単位取得満期退学。博士（学術）（日本女子大学）。現在，椙山女学園大学人間関係学部教授。
　　主著に『わたしのキャリア・デザイン──社会・組織・個人』（共著，ナカニシヤ出版，2014年），『ライフキャリアを考えるための論点10──ライフスタイルの選択』（共著，ミネルヴァ書房，2022年），『地域からみる女性のライフ・キャリア』（ナカニシヤ出版，2023年）ほか。

水島和則（みずしま・かずのり）第5章

　　東北大学大学院文学研究科博士課程（後期課程）中退。社会学修士（東北大学）。現在，椙山女学園大学国際コミュニケーション学部教授。
　　主著に『リフレクシブ・ソシオロジーへの招待』（訳者，藤原書店，2007年），『現代アメリカ映画研究入門』（訳者，書誌心水，2014年），「主流アメリカ映画の人種表象における多様性とインクルージョン──ハリウッドの人種差別主義は変わったか」『椙山女学園大学研究論集』（第53号（社会科学篇），2022年）ほか。

谷口功（たにぐち・いさお）第6章

　　名古屋大学大学院環境学研究科博士課程（後期課程）単位取得満期退学。博士（社会学）（名古屋大学）。現在，椙山女学園大学人間関係学部教授。
　　主著に『日本コミュニティ政策の検証──自治体内分権と地域自治へ向けて』（共著，東信堂，2014年），『豊田とトヨタ──産業グローバル化先進地域の現在』（共著，東信堂，2014年），「街道と酒から「宿場の系」を考える」（共著，季刊『民族学』第159号，2017年）ほか。

《編著者紹介》

藤岡阿由未（ふじおか・あゆみ）

明治大学大学院文学研究科博士課程（後期課程）満期退学。文学修士（ニューヨーク大学）。現在，椙山女学園大学国際コミュニケーション学部教授。
主著に "A New Noti on of Time in Modern Tokyo Life: A Comedy at High Speed at the Imperial Theatre in the1920s", *The Journal of Global Theatre History*, vol.3, 2019.『演劇の公共圏』（訳者，春風社，2022年），『比較文学で読む十一の出会い——交差する東西のまなざし』（共著，勉誠出版，2023年）ほか。

藤原直子（ふじわら・なおこ）

名古屋大学大学院教育学研究科博士課程（後期課程）単位取得満期退学。教育学修士（名古屋大学）。現在，椙山女学園大学人間関係学部教授。
主著に「「性の多様性」教育におけるフェミニスト・ペダゴジーの視座——教師の「学び／教えること」の課題」『中部教育学会紀要』（第21号，2020年），『教育原理をくみなおす——変革の時代をこえて』（共著，名古屋大学出版会，2021年），『ライフキャリアを考えるための論点10——ライフスタイルの選択』（共著，ミネルヴァ書房，2022年）ほか。

大学生のためのトータルライフデザイン
——人生を設計するワークブック——

2024年3月25日　初版第1刷発行　　　　　〈検印省略〉

定価はカバーに表示しています

編著者　藤　岡　阿由未
　　　　藤　原　直　子
発行者　杉　田　啓　三
印刷者　中　村　勝　弘

発行所　株式会社　ミネルヴァ書房
607-8494 京都市山科区日ノ岡堤谷町1
電話代表　（075）581-5191
振替口座　01020-0-8076

© 藤岡・藤原ほか，2024　　　　中村印刷・吉田三誠堂製本

ISBN978-4-623-09669-5

Printed in Japan

ライフキャリアを考えるための論点10──ライフスタイルの選択

吉田あけみ 編著　A5版　192頁　本体2600円

実践につながる　新しい教養の心理学

大浦賢治 編著　B5版　264頁　本体2800円

産業・組織心理学──個人と組織の心理学的支援のために

川畑直人・大島剛・郷式徹 監修　加藤容子・三宅美樹 編著　A5版　232頁　本体2200円

やわらかアカデミズム・〈わかる〉シリーズ

よくわかるスポーツとジェンダー

飯田貴子・熊安貴美江・來田享子 編著　B5判　224頁　本体2,500円

よくわかるパーソナリティ心理学

吉川眞理 編著　B5判　216頁　本体2,600円

よくわかる健康心理学

森和代・石川利江・茂木俊彦 編　B5判　224頁　本体2,400円

よくわかるコミュニティ心理学［第3版］

植村勝彦・高畠克子・箕口雅博・原裕視・久田満 編　B5判　220頁　本体2,500円

よくわかる産業・組織心理学

山口裕幸・金井篤子 編　B5判　204頁　本体2,600円

よくわかる産業社会学

上林千恵子 編著　B5判　208頁　本体2,600円

よくわかる家族社会学

西野理子・米村千代 編著　B5判　196頁　本体2,400円

よくわかる現代家族［第2版］

神原文子・杉井潤子・竹田美知 編著　B5判　208頁　本体2,500円

よくわかるコミュニケーション学

板場良久・池田理知子 編著　B5判　204頁　本体2,500円

よくわかる生涯学習［改訂版］

香川正弘・鈴木眞理・永井健夫 編著　B5判　228頁　本体2,500円

よくわかる学びの技法［第3版］

田中共子 編　B5判　180頁　本体2,200円

よくわかる卒論の書き方［第2版］

白井利明・高橋一郎 著　B5判　224頁　本体2,500円

──────── ミネルヴァ書房 ────────

https://www.minervashobo.co.jp/